世界名人名传 ｜ 主编 柳鸣九

[美] 爱德华·埃弗雷特·霍尔 著

方华文 译

哥伦布传
Biography

CRISTOFORO COLOMBO /

河南文艺出版社
·郑州·

图书在版编目(CIP)数据

哥伦布传/(美)爱德华·埃弗雷特·霍尔著;方华文译. —郑州:河南文艺出版社,2020.10

(世界名人名传/柳鸣九主编)

ISBN 978-7-5559-0923-1

Ⅰ.①哥 …　Ⅱ.①爱…②方…　Ⅲ.①哥伦布(Columbus,Christopher 1451－1506)－传记　Ⅳ.①K835.465.89

中国版本图书馆 CIP 数据核字(2020)第 130380 号

出版发行　河南文艺出版社
本社地址　郑州市郑东新区祥盛街 27 号 C 座 5 楼
邮政编码　450018
承印单位　河南瑞之光印刷股份有限公司
经销单位　新华书店
纸张规格　890 毫米×1240 毫米　1/32
印　　张　6.125
字　　数　119 000
版　　次　2020 年 10 月第 1 版
印　　次　2020 年 10 月第 1 次印刷
定　　价　29.00 元

序

本书讲述哥伦布的生平，但愿能引起各个读者群的兴趣。

为他树碑立传的大有人在，有的作品堪称经典。为之立传困难重重，自然呕心沥血，而我同胞华盛顿·欧文[①]在这方面起到了表率作用，以画龙点睛之笔留下了一部传世之作。依我拙见，欧文之后，但凡探索哥伦布人生经历者，无不对欧文深表感激和敬重。

按照写传记的惯例（当时如此，以后亦然），欧文描述了西印度群岛的历史（自哥伦布发现该群岛始，至哥伦布去世）。他还认为有必要花大量笔墨叙述西班牙国的历史以及西班牙的宫廷生活。我本人却觉得在传记里塞进大量史料并非上策。

[①] 19世纪美国最著名的作家，号称美国文学之父。他曾写过《哥伦布的生平和航行》（即《哥伦布传》），出版于1828年。

不知对与否，反正我在本书中不打算这么做，而是力图紧随克里斯托弗·哥伦布的足迹，描述发生在他身边的故事。在很有必要的时候，才用一定的篇幅记载历史。

本书基本以哥伦布自己的记述为素材，而空缺之处则参考当时的具有绝对权威性的资料。我还参考了他之后两代人所写的史料。通过深入研究他的生平，我觉得继他的伟大发现广为人知之后，人们狂热地崇拜他，对他的事迹难免有夸大之词，也就是现在人所称的"杜撰"，与事实不符。假如读者在本书中发现有些情节跟自己熟悉的史料有出入，千万不要以为这是偶然的疏漏——应该给本书作者以判断是非的权利，由他在选材方面做出谨慎的抉择。

1882 年，我访问西班牙，在很短的时间内探寻哥伦布的足迹，西班牙政府的官员给我提供了力所能及的帮助。当时，哈里斯先生已经出版了珍贵的《哥伦布传》，里面似乎囊括了有关哥伦布的所有资料。本书读者会看到，我充分利用了这座史料宝库。

美洲史研究会提交的有关新大陆历史的研究论文丰富多彩、不计其数，然而对我们了解哥伦布个人的生活几乎可以说帮助不大。

哥伦布的伟大发现不仅推动了人类文明的进步，也令世界大为改观。美国人民对此永记不忘，庆贺他的伟大发现，对这位顺天意发现了美洲大陆的伟人之人生经历势必会产生浓厚的兴趣。本书作者及出版人愿将这本《哥伦布传》献给美国人民,但愿它能够为这一研究领域的年轻学者起到抛砖引玉的作用。

爱德华·埃弗雷特·霍尔①

1891 年 6 月 1 日

于马萨诸塞州罗克斯伯里②

---

① 美国著名历史学家。

② 罗克斯伯里是殖民者于 1630 年在马萨诸塞湾建立的一个小镇,1846 年成为一座城市,1868 年 1 月 5 日并入波士顿。

目 录

第一章

哥伦布早年的人生；他的出生及出生地；早期教育；航海经历；结婚，定居于里斯本；计划发现一条西行通道，前往印度地区。

克里斯托弗·哥伦布出生在热那亚共和国①。如今，该共和国的许多村庄都自称是哥伦布的出生地，并以此为荣，但他具体出生在哪幢房屋，却谁也说不清。不过，权威人士一致认为：如果问起来，全世界的人，无论大人还是小孩，都会胸有成竹地说："美洲大陆是热那亚人克里斯托弗·哥伦布在 1492 年发现的。"在早期的意大利报纸上，他的姓（即他家族的姓）在一百多年里一直被写成科伦

---

① 一个大约在 1100 年建立于意大利西北海岸利古里亚地区的独立城邦，1805 年曾被拿破仑治下的法国吞并。虽然在拿破仑被打败后的 1814 年热那亚曾经复国，但只存在了一段时间，最终被萨丁尼亚王国吞并。

坡(Colombo)，在西班牙一直被写成科隆(Colon)，在法国被写成科洛姆(Colomb)，而在英国用的则是它的拉丁语形式：哥伦布(Columbus)。据说，他本人喜欢拉丁语"哥伦布"，因为它的意思是"鸽子"，给人以奇妙的遐想——他担任着和平鸽的使命，将基督教的光明带到了西方。是他在一片汪洋大海中发现了陆地，是他作为圣灵的使者给处于茫茫黑暗中的人带去了福音。据说，他的教名克里斯托弗(Christopher)也有类似的含义，即"基督使者"(Christ-bearer)。不管怎么说，有一点是毫无疑问的：他的教名是"克里斯托弗"，而他家族的姓长期以来被写成"科伦坡"。他的名和姓在历史长河里只不过是两个符号，却为诗人所歌颂，为历史学家津津乐道。

克里斯托弗·哥伦布是家中的长子，父亲是多米尼克·科伦坡，母亲是苏珊娜·芳塔娜洛萨(意思是"红色的山泉")。他有两个弟弟：巴塞罗缪(Bartholomew)和迪亚哥(Diego)。这两个人在下文还会讲到。"迪亚哥"是西班牙语的写法，而在英语里则是"詹姆斯"(James)。

克里斯托弗大约出生于1436年，但史学家众说纷纭，有说早一些的，也有说晚一些的——至今，关于他的出生以及受洗的记录尚未找到。

他的父亲并不富有，然而却把他送进了帕维亚大学①学习。在那儿，他学了文法学、几何学、地理学、航海学、天文学以及拉丁语。

———————————

① 帕维亚大学是意大利的一所研究型大学，成立于1361年，坐落在意大利最富饶的伦巴第大区的帕维亚市。

不过，那只是他少年时的状况，他十四岁便走出校门，步入"社会大熔炉"，开始了艰苦的生活。如果上述出生日期是对的，那么他是在1450年离开学校的。几年之后，土耳其人占领了君士坦丁堡，入侵了欧洲，影响到了地中海国家每个人（无论老少）的日常生活。哥伦布以后十五年的生活，几乎无人知晓。反正，那无非是一个聪明机智年轻水手的生活——漂泊四海，足迹遍及四方。正如他自己所言："我在大海上漂泊了二十三年，走遍了黎凡特①、西海岸以及北方，也到过英国。从里斯本到几内亚海岸，我更是常来常往。"这句话出自他写给费迪南国王和伊莎贝拉女王的信。他还说过这样的话："我年纪轻轻就航行于大海之上，一直到现在都过着这样的生活——任何一个渴望了解大自然奥秘的人都会这般乐此不疲。如今，四十个春秋倏忽而过，能去的地方我都去了。"

凡是研究那个世纪历史的人都会接触到两个与哥伦布有关的人名——科隆·埃尔·莫佐（一个小一辈的亲戚）以及哥伦布的叔叔弗朗西斯科·科隆。这两个人都是名重一时的航海家。后者是法国路易十四舰队里的一名舰长，在想象力丰富的人眼里，颇具在法庭上慷慨陈词的昆汀·德沃德②之风采。克里斯托弗·哥伦布曾在那位小一辈的亲戚麾下效力，多次远征，曾率领热那亚舰队在塞浦路斯附近跟威尼斯人交战（当时，热那亚和威尼斯正处于战争

①　一个不精确的历史上的地理名称，指的是中东托罗斯山脉以南、地中海东岸、阿拉伯沙漠以北和上美索不达米亚以东的一大片地区。
②　英国著名作家司各特笔下的英雄人物。

3

状态)——1461年至1463年,热那亚和卡拉布里亚①的约翰王结盟,而哥伦布是热那亚海军里的一名舰长。

他在一封信里写道:"1477年2月,我越过缇里(Tile)②,又往前航行了一百多里格③。这座岛屿的南部位于赤道以北73度,而非一些地理学家所说的63度。④ 英国人(主要是布里斯托尔⑤的商人)将大量商品运到该岛出售(该岛面积跟英国本土相当)。我在那儿的时候,海水没有结冰,但潮汐很强,一起一落的落差有26腕尺⑥。"

冰岛之行归来后,他的生活轨迹就比较清晰了。此时,他已不再是一个喜欢冒险、不管哪里都愿意去的年轻水手了,而是一个已过而立之年的成熟汉子了。他在里斯本结了婚,在里斯本定居了下来。他的妻子叫菲利帕,岳父是位意大利绅士,名叫巴托洛米奥·穆尼泽·德佩雷斯特罗。这位岳父大人跟哥伦布一样,也是航海家,对地理界所有的新发现都有着浓厚的兴趣。1477年这一年,葡萄牙国王派出探险队,在那个世纪结束前发现了一条航线,可以绕过好望角抵达印度地区。

这一对新婚宴尔的夫妇,无论是新娘还是新郎,都没有财产,过

---

① 卡拉布里亚是最古老的地中海文明的发源地,现为意大利的一个行政区。
② 哥伦布笔误,应该是图里(Thule;古人相信存在于世界北端的国家)或冰岛。
③ 1里格等于3.18海里(即5.556公里)。
④ 哥伦布的说法有误,应该是:冰岛的南部位于北纬63.5度。
⑤ 英国西部的港口。
⑥ 1腕尺等于17.47英寸(约44.37厘米)。

着清贫生活。哥伦布干着绘图员的工作,为书籍配插图以及制作地球仪(他的地球仪十分不准确,因为上面既无好望角,也无美洲大陆)。他还绘制航海图用于出售,同时四处寻找相关资料进行研究。在那段盛行地理探索的年月里,这样的航海图和地图逐渐显示出了它们的重要性。维斯普西①曾花一百三十杜卡特②买了一幅地图,由此可见其价值有多么大——这笔钱相当于现今的五百多美元。

哥伦布一直没有放弃他的航海事业,屡次出航几内亚海岸及其他的地方。

据说,他效力于他的亲戚科隆·埃尔·莫佐海军上将的麾下时,海军上将率领一支船队在葡萄牙海域跟四艘从佛兰德斯返回的威尼斯军舰相遇,接着就发生了一场惨烈的海战。克里斯托弗·哥伦布指挥的舰船和一艘威尼斯军舰搅在一起混战,后来船身起火,眼看就要爆炸,他见情况不妙,一跃跳进了海里,抓住一支浮桨游上了岸。上岸的地点距离里斯本不远,此后他便以里斯本为家,在那儿一住就是许多年。③

显然,自从抵达里斯本之日起,在二十多年的时间里,他一直致力于说服人们,激发人们对他探索西方"伟大计划"的兴趣。对此,他回忆说:"我时常跟知识界的人士通信,其中有传教士,有普通教

---

① 亚美利哥·维斯普西,意大利航海家,据说美洲大陆最初由他发现,因此以他的名字命名。

② 意大利金币。

③ 有些评论家对这些日期曾质疑过,但这些日期似乎是很有根据的,符合他的经历。

徒,有拉丁美洲人,有希腊人,有犹太人,也有摩尔人。"天文学家托斯卡内利①就是这些人当中的一个。

我们千万不要认为:地球是圆的这一事实是哥伦布发现的。关于地球的形体,尽管众说纷纭,然而许多有识之士都坚定地认为它是个球体,认为从欧洲出发向东行固然可以抵达印度地区,但印度地区也可以说是位于欧洲的西边。曼德维尔②的游记里记录了这样一个有趣的故事:有个旅行者几乎是徒步穿越了亚洲所有的国家,最后回到了他的祖国挪威。在考察远东地区时,这位旅行者听到有人用古怪的叫声吆喝牛群,那种叫声以前他从未听到过。回到祖国后,有一次需要寻找几头丢失的牛,他向西走了一天的路。在寻找的过程中,他又听到了远东的人吆喝牛群的古怪叫声。他这才恍然大悟:原来他当初步行环绕地球转了一圈,又按原路回到了祖国——那儿离他的国家其实只有一天的路程。对于这样的故事,哥伦布是很熟悉的,同时也掌握着天文学的知识,于是就坚信地球是圆的,"就像一个在空中旋转的球"。难就难在如何向世人证明:由于地球是圆的,向西航行是可以抵达亚洲的。

当时,所有著名的地理学家都认为,欧亚之间的距离其实根本没有以前所说的那么远。托勒密③的地理学著作曾经是权威书籍,

---

① 文艺复兴时期欧洲佛罗伦萨数学家、天文学家。他根据多年的计算,断定由欧洲向西航行可以到达亚洲。他的评估为哥伦布所知悉,为其航行计划做好了准备。

② 14世纪英国作家,著有《约翰·曼德维尔爵士航海及旅行记》。

③ 罗马帝国统治下的著名的天文学家、地理学家和光学家。

认为印度地区的最东部与加那利群岛①之间为 135 度,略大于地球周长的 1/3。但实际上,我们都知道:欧亚之间的距离为 180 度,是地球周长的 1/2。当时如果哥伦布知道两大洲之间的距离是这么长,是绝不会实施他的航行计划的。

那时,人们对印度地区的知识几乎全都来自《马可·波罗游记》。该书作者是 13 世纪的一位威尼斯旅行家,他的书长期影响着欧洲读者,至今都具有很强的可读性,很适合推荐给喜欢看探险故事的年轻人。马可·波罗曾经去过北京城,到皇宫里拜谒过忽必烈皇帝,而正是这位君主使中国有了现今这么大的版图。马可·波罗虽然从未去过日本(或称 Cipango②),但在书里对这个国家进行了描述。因此,哥伦布知道印度地区以东就是日本岛国,认为那儿距离欧洲最近(实际情况的确如此),于是就打算到那儿去。读者以下会看到,后来他抵达美洲时,还以为自己到了日本呢。

哥伦布的岳父为葡萄牙在圣港岛③建立了殖民地,曾担任那儿的总督,因而对西方探险很感兴趣。哥伦布也许从他口中了解到了一些有关航运的情况,例如经常有船只被巨大的洋流冲到圣港岛什么的,据说深受影响。

至于比亚洲更远的地区,历史学家喜欢从希腊文和拉丁文的著述中,以及晚期学者的著述中收集信息,将其集中在一起。其中,最

---

① 位于摩洛哥西南方大西洋上,归西班牙管辖。
② 马可·波罗及中世纪地理学家对日本的称呼。
③ 北大西洋马德拉群岛主岛之一。

哥伦布传

著名的恐怕就是塞涅卡①的一段话了："未来总有一天海洋将会挣脱枷锁，让我们看到一大片新的陆地……那时，图勒②就不再是天涯海角了。"

托斯卡内利在一封1474年写给哥伦布的信中附了另一封信的副本，那是一封他寄给葡萄牙国王阿方索五世治下一位长官的信。他在写给哥伦布的信中说："我知道你有一个宏愿，一个崇高的宏愿，打算到东方的那个盛产香料的国度去。为此，我在这封信里附了一封我几年前写给一位好友的信，他为无比尊贵的葡萄牙国王效忠。他曾奉国王陛下之命给我写信探讨过这件事……如果我手中有地球仪，就可以向你说明需要做什么。不过，我觉得还是绘一幅航海图之类的图表好，这将有助于你了解情况以及做出规划。在我绘制的这幅图上标出了咱们全部的西海岸，北自爱尔兰，南至几内亚海岸线，还标出了这条线路上的所有岛屿。在这条海岸线的对面（即爱尔兰和非洲海岸线的对面），我直接标出了印度地区的西端，有岛屿以及你可以登陆的地点。根据这幅图，你可以看出从北极往赤道方向究竟需要航行多少英里，看出到这些盛产香料及宝石的地区究竟要走多远的路。"

在这幅图上，托斯卡内利不仅标出了日本，还在海洋中心标出了安蒂利亚岛（后来此处被称为安的列斯群岛，法国人称其为西印

---

① 古罗马政治家、斯多葛派哲学家、悲剧作家、雄辩家。
② 古人相信存在于世界北端的国家。

度群岛）。他还指出了哥伦布具体需要航行多远的路："从里斯本出发到著名的贵色城（Quisay，即杭州，中国当时的京城①），如果向西走捷径，距离为 3900 英里。从安蒂利亚岛前往日本，需要航行 225 里格。"他在信中又说道："你瞧，你渴望完成的航行并没有想象的那么难。假如你像我一样接触过许多去过那个盛产香料国家的人，就一定会相信我的话的。"

当时，许多人都认为穿越大西洋是完全有可能的，但下决心完成这一使命的只有一人，那就是克里斯托弗·哥伦布。不过，他很清楚，单靠他一人之力却是做不到的。为了这趟航行，他必须筹集到足够的资金，必须得到授权招募船员，抵达印度地区后还必须享有权力指挥这些船员。如今，这样的探险活动是由商业机构操纵的，而在当时，没有某个君主的支持和资助，则是无法办到的。

显而易见，哥伦布非常适合于担当使命，完成这趟发现之旅——他是个出色的航海家，同时精通地理学以及擅长数学。他当时寓居葡萄牙，而这个国家的君主多年来一直都鼓励到非洲海岸探险，把探险航线一步步向南推进。

通过这样的探险活动，他们不断有新的发现。之前，欧洲对于非洲西海岸线上加那利群岛之外的地区一无所知。但在知识界众所周知：早在公元前 500 年就有一个名叫汉诺的迦太基②人奉迦太基议院之命做过环绕非洲的航行。葡萄牙的君主力图重复汉诺的

---

① 此处有误，因为当时中国的京城是北京。
② 奴隶制国家，坐落于非洲北海岸（今突尼斯），与罗马隔海相望。

哥伦布传

航行。1441 年，冈萨雷斯和特里斯塔远航至塞拉利昂①，带回来一些黑人做奴隶，自此拉开了奴隶贸易的帷幕。

1446 年，葡萄牙占领了旧大陆②最西端的亚速尔群岛，然后一步步向南推进，逐渐了解了非洲海岸线。勇敢的航海家们跃跃欲试，急切想找到去东方的通道，最终取得了成功。1477 年 8 月，巴托洛米奥·迪亚茨奉国王之命，率领三艘帆船从塔霍河③出发，开始了南行考察。迪亚茨本人非常勇敢，发现了好望角之后，比前人航行的距离远了许多，还准备向红海进发，可是他的船员却发生了暴动，迫使他返航。这趟航行，他途经非洲南端的海角，又向前航行了 40 英里。当时他遭遇到了来势凶猛的风暴，于是他便将海角命名为"风暴角"。可是，约翰王听了他的汇报之后，却给那个海角起了个吉祥的名称——"好望角"（该名称沿用至今）。

人们在进行着不懈的努力，试图沿着非洲海岸向南远航，穿过未知的水域抵达东印度群岛④，而哥伦布向所有关心此项事业的人士提出建议，说应该直接向西航行。他认为：如果地球跟太阳及月亮一样是圆的（许多有识之士都认为地球是圆的），印度或印度地区就一定在葡萄牙的西边；直接和印度地区发展贸易，收益将会非常丰厚。此时的欧洲对印度地区的香料已有了浓厚的兴趣，对那儿

---

① 位于西非大西洋沿岸的国家。
② 指非洲-欧亚大陆。
③ 伊比利亚半岛最大的河流。
④ 东印度群岛（亦称香料群岛）是公元 15 世纪前后欧洲国家对东南亚盛产香料的岛屿的泛名。

草药的药效也笃信无疑。而印度地区的丝绸、纺织品以及地毯在欧洲很有名气,价钱也很高。根据马可·波罗及其他一些旅行家的描述,人们有一个印象——印度地区到处都是黄金。凡是读过《马可·波罗游记》的人,无不浮想联翩,一想到那儿的珍珠和宝石就激动不已。

这种贸易利润之丰厚可以用以下事实评估——大约三十年之后,麦哲伦①的船队完成了人类首次环球航行后,只有一艘船回到了加的斯②,船上满载着从摩鹿加群岛③运来的香料。这些香料被西班牙政府高价卖出。为了这趟航行,国王曾经投入了许多钱购买装备,香料售出后不仅收回了全部成本,还大大赚了一笔。

因此,哥伦布能够向愿意接受商业冒险的人承诺,说一旦获得成功,便可以得到巨额利润,而当时的君主们也愿意冒风险,以得到相应的利润分成。

上文提到的意大利地理学家托斯卡内利的那封信后来被呈交给了葡萄牙的国王阿方索五世。哥伦布向这位君主以及他的继承人约翰二世说明了成功的概率,那两人对此似乎都很有信心。不过,约翰王却将哥伦布的这项计划交给了另一个人去实施,结果酿

---

① 探险家、航海家、殖民者,葡萄牙人,为西班牙政府效力探险,率领船队环球航行途中在菲律宾死于部落冲突。船上的水手在他死后继续向西航行,回到欧洲,完成了人类首次环球航行。
② 西班牙西南沿海的港湾。
③ 印度尼西亚东北部岛屿,古时以盛产丁香、豆蔻、胡椒闻名于世,阿拉伯人称之为"香料群岛"。

成了大错。他既自私又卑鄙，竟然暗中装备了一艘船，命令另一个航海人驾船出海，打着到佛得角①群岛去的旗号，背地里则一路西行去寻找印度地区，实际上走的是哥伦布提出的航线。这艘船扬帆起航了，但幸运女神照拂哥伦布，让它在途中遇到了可怕的暴风，吓得船员们惊慌失措，掉头离开那片未知的水域，回到了里斯本。这是哥伦布告诉世人的情况。他对约翰王背信弃义暗中搞的小动作大为反感，于是离开里斯本去了西班牙，将这个伟大的规划推荐给了西班牙的国王和女王。

大约在三十年后，为葡萄牙国王效力的麦哲伦也走了这条老路——他不堪忍受葡萄牙宫廷的侮辱，一怒之下也跑到了西班牙，向西班牙国王提出了环球航行的规划，结果得到了采纳。他率领一支西班牙的船队开始了发现之旅，将发现的菲律宾群岛变为西班牙的殖民地。就这样，葡萄牙的君主两次错失良机，使得他们自己、子孙后代以及他们的王国没有能享受到这两次伟大的发现之旅所带来的荣誉和财富。

当时，哥伦布的妻子已经去世。他成了无家可归的游子，于是便在 1484 年的年末带着他唯一的儿子迪亚哥毅然离开了里斯本。

---

① 非洲的一个国家，位于北大西洋的佛得角群岛上。

第二章

哥伦布的发现之旅规划;离开里斯本;抵达热那亚;拜谒西班牙有远见的公爵;在费迪南和伊莎贝拉①的宫廷一待就是六年;萨拉曼卡会议;他的提议最终被接受;船队准备远航。

据说,哥伦布离开里斯本时已负债累累。后来的某个时期,约翰王想召回他,提出的条件是保护他不受追债。但也有学者认为:他不是躲债,而是去热那亚为他年老的父亲料理生活。根据出生日期看来,此时的克里斯托弗·哥伦布已经年届五十。

大概在这个时期,他开始向他的乡亲(热那亚的居民们)宣传他的伟大规划的重要性,试图让他们对他的壮举感兴趣,实现从西部航线抵达印度地区的目的。事实证明,好望角航线的发现在贸易

---

① 西班牙国王和女王(夫妻二人共同统治西班牙)。

方面对热那亚以及其他一些意大利沿海城市造成了巨大损失。在此之前,欧洲与东方的贸易线路都要经过地中海东部的港口和一些意大利的城市。因此,如果热那亚的政治家有远见,就一定会郑重考虑哥伦布的建议的。

然而,此时的热那亚正深陷困境,跟土耳其的战争总体而言并不顺利,不仅失去了卡法,它在克里米亚的驻军以及对克里米亚群岛的拥有权也受到了威胁。热那亚的政府没有接受哥伦布的建议,于是他只好又回到了西班牙。他先到西班牙的南方拜访了一些思想开放、崇尚冒险的杰出人物,其中有一位是麦地那·塞利公爵,还有一位是麦地那·西多尼亚公爵。这两位贵族在各自的府邸设宴款待哥伦布,倾听了他的提议。

麦地那·塞利公爵表现出了浓厚的兴趣,说他在加的斯港有四艘船,可以交给哥伦布指挥。但他突然又改变了主意,说这个规划太宏大,应该听从王室的旨意。后来,他对此规划仍信心不减,将哥伦布引荐给了国王和女王,热诚地希望能获得王室的资助。

这位国王原是阿拉贡①的费迪南国王,而女王曾是卡斯蒂利亚王国②的伊莎贝拉女王,二人的联姻使得西班牙获得了统一。夫妻俩相濡以沫、琴瑟和鸣,让西班牙的统一名副其实。他们的精力、勇气和智慧巩固了他们的统治,使他们的统治大获成功,取得了辉煌

---

① 11世纪至15世纪时伊比利亚半岛东北部阿拉贡地区的封建王国,因阿拉贡河而得名。

② 伊比利亚半岛中部卡斯蒂利亚地区的封建王国。

成就。而他们最辉煌、最伟大的成就，经证明跟这个正向他们走来的航海人的经历及发现有密切关联。葡萄牙人曾对这位航海人背信弃义，而他在家乡热那亚受到了冷落，在公爵的府邸也没有如愿以偿。现在，他要将自己的探险规划推荐给正在和摩尔人艰苦战斗的西班牙国王和女王（此时，摩尔人仍占领着西班牙半岛相当大的一片领土）。

国王和女王居住在科尔多瓦①——那是一座从摩尔人手中夺下来的城市，富饶而美丽。在他们的统治下，科尔多瓦一度成为欧洲最重要的文化中心。哥伦布来到这儿，借宿于阿隆索·德·昆塔尼拉家，此人狂热地拥护他的探险规划，并介绍他认识了一些要人。那些要人为他穿针引线，安排他向国王陈述他的观点。只是时间不凑巧，没有他希望的那么适宜——科尔多瓦全城动员，正准备跟来犯之敌决一死战。但费迪南国王仍做出安排，接见了他（这次会见，伊莎贝拉女王似乎不在现场）。尽管费迪南国王军务缠身，然而他在百忙之中还是对哥伦布的提议表现出了兴趣，同时也很喜欢哥伦布本人（哥伦布在陈述自己的观点时，表现得谦虚、端庄，赢得了他的欢心）。根据哥伦布的回忆，他当时觉得自己是受到上帝的指派来完成这项使命的。不过，国王对于他的规划并没有立刻拍板，而是要求学者们开会研究后再决定。

按照哥伦布自己的说法，他是在 1486 年 1 月 26 日开始为西班

①　Cordova，西班牙南部城市。

牙王室效力的。同年,学者们在萨拉曼卡大学①城开会研究他的提案。会议上,他有机会详细解释了他的方案,其中包括细腻地陈述当时学界的共识。可是,与会的人大多因循守旧、抱残守缺,不愿改变原有的观点。他们当中有些是教会的牧师,在教皇没有下达详细指令的情况下,习惯于将宗教经典视为唯一的权威理论,有些还摘引《旧约全书》里的词句批驳哥伦布的规划,认为这是对哥伦布规划的致命一击。例如,他们摘引了《诗篇》第 104 篇中的一句:"上帝将天穹铺展开,就像展开了一个帷幕。"为了证明同一观点,他们还摘引了《希伯来书》的一句:"天空展开,就像是一个大帐篷。"

引用教会早期使徒的语录对哥伦布规划形成的打击,比摘引《旧约全书》里的词句更为严重。

也有些学者则是热情地支持哥伦布的规划。会议结束时,这样的人比会议开始时增加了不少。这是一次冗长的会议,几乎开了一夏天,结束时也没有形成任何决议。

与此同时,国王、女王以及宫廷跟摩尔人激战正酣。他们时不时会将哥伦布召进宫里,非止一次向他提供资金供他使用。其间,他重新和约翰王进行过协商,并收到对方的邀请信,请他重返葡萄牙。英国国王亨利七世也给他寄来一封信,邀请他到英国王宫去。而西班牙方面对他的方案迟迟不表态。直到今天,大家仍认为这个

---

① 萨拉曼卡大学一直是欧洲的重要学术中心之一,与巴黎大学(法国)、牛津大学(英国)和博洛尼亚大学(意大利)齐名,并称为欧洲四大名校。

国家的人有遇事迟疑、拖拖沓沓的习惯。根据史学家奥尔斯·德·祖尼加的记载，哥伦布于1489年加入了西班牙国王的军队。

1490年冬，战端又起，军队又开赴战场，一直战到格林纳达陷落。哥伦布决定做最后一搏，认为必须让西班牙对他的规划给出一个答复。女王指派她的告解牧师找那些与会学者，要他们拿出确切的决定。这一次，哥伦布的希望彻底破灭了！那些人说他提供的理由不充分，不足于让伟大的西班牙君主从事这样的冒险活动。

不过，王室对哥伦布的规划却情有独钟，萨拉曼卡会议的少数人也持赞成的态度。那位告解牧师领命告诉他，由于在打仗，军费开支巨大，一时拿不出钱派他远航，等打完了仗，也许有希望资助他。哥伦布游说王室，信任王室，等了五年等来的却是这样的结果。他认为王室的答复只不过是委婉的拒绝。于是，他伤心地离开了位于塞维利亚①的宫廷。

他决定将他的规划推荐给法国国王。抱着这种目的，他带着儿子迪亚哥起程（此时的迪亚哥已经是个十一二岁的大孩子了），连夜赶到了拉比达热情好客的圣玛丽修道院（该修道院由于他的光临，后来成了名胜）。这个地方位于帕洛斯港之南，距离帕洛斯港大约3英里的路程，而该港是西班牙几大繁忙贸易港之一。修道院位于高地上，俯临大海，有一条陡峭的山路通向海岸边，透过一些窗户和甬道可以从西边及南边两个方向俯瞰大海。这里至今仍保留着

---

① 西班牙第四大都市，位于伊比利亚半岛南部。

哥伦布在此逗留期间住过的房间以及用过的墨水台(西班牙把这些作为历史遗迹保留了下来)。

话说当时哥伦布走到修道院门前,想为饥渴的儿子讨些面包和水。修道院的院长叫胡安·佩雷斯·马尔切纳,一下子就被哥伦布不俗的仪表所吸引,交谈后就更有了好感,于是请他留下来做客。

当他得知这位新来的朋友将要把如此伟大的规划奉献给法国,使法国获利时,便恳求他留下来,再做些努力。他请来了帕洛斯港的医生费尔南多以及平宗兄弟(这几个人在本书里首次提及,但扮演着非常重要的角色),大家一起苦口婆心地劝说哥伦布,说应该派一个信使去见王室,然后再决定何去何从。被派去的信使叫罗德里格斯,是莱佩①的一个领航员。由于修道院院长胡安·佩雷斯曾经是女王的告解牧师,于是这位信使受到了女王的接见。女王对他很信任,对哥伦布也是如此。十四天之后,这位友好的信使从圣达菲返回,带来了一封女王的亲笔信,邀请佩雷斯·马尔切纳立刻进宫面谈。这位修道院院长看信后,立刻骑上骡子,连夜赶路去见他的皇家朋友。

圣达菲城里满是军队的营房。这座城市建在名为维加的平原上,平原辽阔、富饶,连绵许多英里,直达格林纳达。由于准备攻打格林纳达,宫廷和军队的人马都驻扎在这里。佩雷斯·马尔切纳顺利地见到了女王伊莎贝拉,把自己的想法和请求解释了一遍,其观

① 西班牙一港口城市。

点受到了女王的一个宠臣(摩亚侯爵)的支持。作为答复,女王要求哥伦布回来见她,并命令手下拨给他两万西班牙币供他路上使用。

佩雷斯立刻将这笔钱送到了他的朋友手中。哥伦布买了一头骡子,换上新衣服,按照女王的命令到军营里去见她。

他抵达军营的时候,西班牙军队已大获全胜,他们的国王及女王如愿以偿,占领了格林纳达这座名城,结束了摩尔人在西班牙的统治。国王、女王、宫廷以及军队正在准备风风光光地进入阿罕布拉宫①。当你想象那宏大的场面,想象长龙一般的队伍穿过一道道封闭已久的大门,想象西班牙皇家的旗帜首次飘扬在维拉塔上的时候,你可千万别忘了,哥伦布也见证了这一欢庆胜利的景象,也参加了这一盛典(此时的他欣喜万分,以为自己踏上伟大发现之旅的愿望最终就要实现了)。

然而,即便在这时,他的目标也没有能够立刻实现。曾经负责主持萨拉曼卡智囊会议的费尔南多·塔拉维拉,在这次战役获胜后被任命为格林纳达的大主教。他对哥伦布并不友好。当他听说哥伦布要求获得这次发现之旅所得利润十分之一的分成时,就去面见国王和女王,反对分给哥伦布如此巨大的利润。他现在兼任女王伊莎贝拉的告解牧师,而友好的胡安·佩雷斯只是她的前任告解牧

---

① 西班牙的著名故宫,为中世纪摩尔人在西班牙建立的格林纳达王国的王宫。"阿罕布拉",阿拉伯语意为"红堡",为摩尔人留存在西班牙所有古迹中的精华,有"宫殿之城"和"世界奇迹"之称。

哥伦布传

师。但是，哥伦布态度坚定，决不退让，不愿接受这位大主教提出的条件，情愿终止协商，再次离开宫廷，还跟以前一样，决定把自己的规划呈献给法国国王。

若非路易斯·圣·安杰尔以及女王本人的坚持，西班牙恐怕也会跟葡萄牙和热那亚一样错失良机，失去这次伟大的发现之旅所带来的荣誉和利润。圣·安杰尔是哥伦布的朋友，身为政府的要员，经管阿拉贡教会的财物。他坚持要向女王面陈他的看法。女王接见他时，费迪南虽然是阿拉贡的国王，似乎却并不在场。圣·安杰尔慷慨陈词，友善的摩亚侯爵夫人也跟着敲边鼓，说出的话热情、具有说服力。伊莎贝拉最终受到感染，也充满了激情，决定派哥伦布远航，将这次发现之旅视为她的事业。

米德先生的雕塑《霍斯默小姐》表现的就是这次事件。这次发现之旅所需要的经费仅为 3000 克朗①。哥伦布只要求王室提供两艘船以及船员们的薪金。可是，这 3000 克朗从哪里来？国库是空的，而国王对这次远航持反对态度。值此紧要关头，伊莎贝拉站出来说："这是我的事业，是卡斯蒂利亚王国的事业。我质押我的珠宝筹集资金。"

实际上，这笔资金是由圣·安杰尔筹集的，来自他经管的教会收入。后来，第一次远航带回来的黄金偿还了这笔钱。可是，伊莎贝拉却一直将以后发现的印第安地区视为卡斯蒂利亚王国的领地。

---

① 货币名称。

最重要的行政官员,以及大多数移民一般都来自卡斯蒂利亚。

与此同时,哥伦布独自一人灰溜溜地骑着骡子返回了帕洛斯。当走到一座桥跟前时(这座桥以后也成了名胜),皇家的一位信使追上了他,让他回去。这个地点后来非止一次出现在戏剧中,表现哥伦布事业的转折点。他原本心灰意冷,刹那间便充满了欣喜和希望——一种势必会实现的希望。

他回到王宫受到伊莎贝拉的接见,这也是他出发前最后一次受到接见了——后来,他将作为新大陆的征服者凯旋,将新大陆的财富奉献给这位女王。当时,国王虽然疑虑重重,但还是勉强同意了他的规划。伊莎贝拉把这次远航完全掌握在自己手中,跟哥伦布立刻达成了共识,并签订了协议。根据他们的协议,哥伦布将在他发现的所有领地终身担任海军上将的职务,可以获得他职权内 1/10 的贸易利润分成(其中包括珍珠、宝石、黄金、白银、香料及其他),有权提出三个地区总督候选人,然后由王室选择和决定。除此之外,他还有权裁决运输过程中出现的各种争端,可获得其中 1/8 的利润,但也要承担 1/8 的成本。

带着这个令人振奋的消息,哥伦布马不停蹄地回到了帕洛斯。他忠实的朋友平宗兄弟决定参加这次远航。哥伦布向帕洛斯人传达了女王的命令,要他们在十天内装备好两艘船,并配备船员,然后将船和船员交给他指挥。第三艘船由他以及他的朋友负责装备。根据协议,船员们将拿到预付的四个月的薪金,而哥伦布享有绝对的指挥权,只要跟葡萄牙的探险活动不冲突,可以按他自己的意愿行事。

5月23日，哥伦布跟好友圣玛丽修道院的院长以及其他的一些要人，一同走进帕洛斯的圣乔治教堂，极其庄严地宣读了皇家命令。

然而，这一命令起初只是激起了民众的愤慨和沮丧——这次远航极不受欢迎。水手们拒绝加入。当地政府曾经得罪过王室，现在王室惩罚他们，让他们装备船只，使得他们很不情愿，坚决拒绝执行王室的命令。看来王室还得追加几道命令才行。不过，后来似乎是平宗兄弟的勇气和决心令事情出现转机，使准备工作得以完成。在耽误了几个星期之后，平宗兄弟当众宣布他们也要参加这次远航。他们是著名的商人和航海家，在当地很受尊敬。再说，这次航行由皇家操纵，所需物资由皇家提供，这也使水手们为之所动。现在看来让人感到奇怪——这次远航的准备工作似乎千难万难。不过，哥伦布的规划当时的确遇到了不少迷信观点、恐怖说法以及各种偏见的阻挠。

哥伦布当时别无所求，只要求西班牙人为他配备三艘小型帆船以及相应的供给和船员。其中最大的船也只不过比美国人夏天游乐时开的那种大号游艇稍微大一点。在这支船队里，要数"加利加"号和"品塔"号体积最大了，它们被称为 caravel（指的是那种最小的三桅船）。哥伦布用这一名称指 40 吨位的船，而在葡萄牙语或西班牙语里这个词通常指的是 120 至 140 之间西班牙"吨位"的船。西班牙"吨位"的容量比英语"吨位"的容量大 1/10。

读者别忘了，当时的贸易活动大多在地中海沿岸进行，所以不适合用排水量大的船只。起航时，哥伦布的船队共有三艘船："加利加"号（后来，他将这艘船更名为"圣玛丽亚"号）、"品塔"号以及"尼娜"号。前两艘船的排水量大约为130吨，而"尼娜"号的排水量则要小得多，不超过50吨。有位作家说这些船都没有完整的甲板，也就是说这些船上并非从船头到船尾都装有甲板。然而根据权威专家的说法：仅仅"尼娜"号没有甲板，而那两艘大船是有甲板的。哥伦布亲自指挥"圣玛丽亚"号，马丁·阿隆索·平宗指挥"品塔"号，他的弟弟弗朗西斯·马丁和维森特·亚尼兹负责指挥"尼娜"号。三艘船总共有120名船员。

根据哈里斯先生的记载，王室的全部花费为114万西班牙硬币，按他的计算，相当于现在的64000美元。哥伦布在此基础上又追加了1/8的成本（这笔钱似乎是由平宗兄弟出的，哥伦布后来还给了他们）。根据拉斯·卡萨斯①以及赫雷拉②的记载，哥伦布追加的这笔钱远远超过了成本的1/10，实际高达50万西班牙硬币。

---

① 16世纪西班牙多明我会教士。他的著作《西印度毁灭述略》，就是揭示西班牙殖民者种种暴行的重要文献。
② 西班牙历史学家。

哥伦布传

第三章

伟大的航行——船队起航；在加那利群岛休整；航行中的希望和忧虑；船员们产生怀疑；发现陆地。

万事俱备，只欠东风。这就是说，船队已整装待发，哥伦布随时都可以起航了。那几艘船现在看来都很小，但他还是感到挺满意的。他在航海日志的头一篇中写道："我有了三艘非常适合于远航的船只。"他是在 5 月 12 日才离开格林纳达的，横穿西班牙来到帕洛斯港①，在不到三个月的时间里装备好了船只，准备远航了。

今日的帕洛斯港已成为废港。从力拓河流下来的泥沙填满了港湾，甚至连小船也无法靠岸了。但人们发现，港湾外的盐岛很像哥伦布的出发地——那是一小块沙地，布满了贝壳和海滨草。哥伦

---

① 如今，帕洛斯已不如往昔那么显要，在一些重要的西班牙地图上已难觅踪影。它位于力拓河东岸，而西岸的韦尔瓦取代了它的位置，成为名城。

布这样叙述那次伟大航行出发时的情况："1492 年 8 月 3 日，星期五，早八点，我们从盐岛起航，借着一股强风航行到日落时分，走了有 60 英里（或 15 里格），然后转向西南，紧接着往西偏南加那利群岛的方向航行。"

看来，这一伟大的航行——极为重要、极为成功的航行，是在星期五开始的。据说船员们很不喜欢这个日子，认为不吉利，而哥伦布在航海日志里却绝口不提这一迷信说法。

他打算先到加那利群岛去，那儿是他在航海生涯中所知道的最西边的陆地。知识渊博的托斯卡内利在来信中告诉他，从里斯本往西航行到亚洲名城贵色城，航程不足 1000 里格。按此计算，若是从加那利群岛走，航程会缩短 1/10，而到日本的航程会更短。

抵达加那利群岛后，船队不得不停留了一段时间——"品塔"号船舵失灵，还出现了漏水现象。哥伦布怀疑是船主搞的鬼，因为这艘船是从船主手里强征来的，要不然就是船员们把船舵弄坏了。不过，根据哥伦布的航海日志记载，"品塔"号的船长马丁·阿隆索·平宗是个有能力、有胆识的人，这也减轻了他的忧虑。从 8 月 9 日到 9 月 2 日，他们在加那利大岛上待了近四个星期修理"品塔"号。后来事实证明，此船成了船队中最耐用、最快的一艘。根据哥伦布的记载，他们在加那利群岛逗留期间听到一些传闻，说西边发现了陆地。9 月 16 日，他们从戈梅拉岛①出发，18 日陆地从视野中

----

① 加那利群岛中的一座小岛。

消失。在以后的三十三天里，他们再也没有见到陆地的踪影（这也是这次伟大航行持续的时间长度）。在这段时间里，他们自然希望能看到一些迹象，并不一定是看到陆地的迹象，只是希望能看到眼前的海洋跟其他的海域的确有所不同。总体而言，这次航行算得上是无惊无险。

根据海军上将的叙述（哥伦布在航海日志里一直将自己称作"海军上将"），这次的航程是 1089 里格。这一说法跟实际情况相差不大（实际的直线航程是 3140 海里，或 3620 法定英里）①。对现在的小型帆船而言，这段航程算不上很长。但由于一些特殊原因，他们有时会向着西边偏南的方向行驶。假如他们当时直线行驶，就会抵达美国的海岸，即现在的圣奥古斯丁②稍微偏北的地方，在佛罗里达北面边界附近。

如果亚洲海岸的位置真的像托斯卡内利及哥伦布两人所想的那样，加那利群岛所处的纬度应该跟中国的扬子江③江口很接近，而那儿正是哥伦布要去的地方。在以后的近三十年里，他和他的手下一直认为他们所发现的地方就是亚洲海岸。

9 月 8 日，星期六，特内里费岛④从他们的视野中消失。11 日，

---

① 这是从加那利群岛的圣克鲁斯港到中美洲北部的圣萨尔瓦多的航程数据，由美国海军上尉莫泽提供。

② 佛州东北部的港口城市，是西班牙殖民者在佛州的第一个定居点，因此它是建立在美洲大陆上最古老的欧洲风格的城市，亦是历史最悠久的港口城市。

③ 过去，西方习惯于把中国的长江称为"扬子江"。

④ 加那利群岛七个岛屿中最大的一个。

他们看到海面上漂来了一根巨大的船桡。14 日,他们发现了一只"热带鸟"。船员们认为这种鸟只出现在距离陆地 25 里格之内的范围里。但读者可别忘了,这些船员很少有人去过地中海以外的区域。16 日,他们开始遇到"大片大片的海草,碧绿碧绿,像是刚从陆地那儿漂过来的"。这就是他们对"马尾藻海"①最初的认识。所谓的"马尾藻海"是大西洋中部的一片奇特的海域,由于漂浮着海草而呈现出绿色。海军上将哥伦布满怀信心地在航海日志中写道:"再往前走,就一定能看到大陆!"

17 日,他们观察了太阳的方向,发现罗盘指针指的不是正北方向——这一发现证实了人们以前的怀疑,也是从那时起得到了公认。只不过这一现象是在一个关键时刻发现的,自然会引起船员们的惊慌。事实证明:在这茫茫的大海上,是没有规律和法则可以依赖的! 不过,他们非常信任哥伦布对这方面知识的掌握。哥伦布告诉他们:北方的方向没有变,罗盘的指针也没有变,的确指的是北方,变的是北极星——北极星跟别的恒星一样在转动。这一解释暂时让船员们放下了心。

同一天,他们看到了一些海草,哥伦布坚信它们来自陆地。在海草上,他捉到了一只活螃蟹——这个无意中东行的螃蟹给了这位西去的勇敢的冒险家极大的鼓舞。哥伦布把它养在船上,声称在距

---

① 马尾藻海位于北大西洋环流中心的美国东部海区,约有 2000 海里长、1000 海里宽。海上大量漂浮的植物主要是由马尾藻组成,这种植物以大"木筏"的形式漂浮在大洋中,直接从海水中摄取养分。厚厚的一层海藻铺在茫茫大海上,一派草原风光。

离陆地80里格之外的地方从没见过这样的螃蟹。实际上,这只可怜的螃蟹离巴哈马群岛①至少有970里格(哥伦布后来的航海日志证明了这一点)。18日,"品塔"号领队航行。马丁·阿隆索信心百倍,声称当晚就可以抵达陆地。但是,他并未如此之快就实现这一目标。

哥伦布每天都会把实际航行的里程缩短后通报给船员们。由于害怕船员失去信心,他不敢让他们知道船队离家乡究竟已有多远。他在私人日记中是这么写的:"船队实际航行里程超过55里格,我却只记录48里格。"也就是说,他在公开的航海日志上每天记录的里程要比实际航行的里程少几个里格。

20日,他在航海日志上提到了鹈鹕②。而21日的航海日志上有这样的记载:"看见了大量的海草,整个海面似乎都被覆盖住了";"海面平静如小河,空气极其清新。发现了一只鲸鱼,表明已经离陆地不远,因为鲸鱼总是在海岸附近活动"。根据这些记载,也说明哥伦布当时对大西洋中部的了解相当贫乏。

22日刮起了逆风,倒叫这位海军上将松了口气,因为如果这样一直刮东风,船员们就会怀疑再也无法中途返回西班牙了。实际上,他们遇到的是信风。23日,平静的海面变得波涛汹涌。他在日

---

① 巴哈马群岛位于佛罗里达海峡口外的北大西洋上。这个群岛由700多个海岛和2400多个岛礁组成。

② 大型游禽,主要栖息于湖泊、江河、沿海和沼泽地带。

记中写道:"我喜欢这样的风浪——摩西①率领犹太人逃离埃及时,就是这样的状况。"

次日,由于是逆风,他们的进程有所缩短。25日,"品塔"号的平宗船长根据托斯卡内利的地图判断,他们已接近亚洲大陆的外围岛屿。日落时分他兴奋地大喊大叫,说他看见了陆地,要求为自己的发现得到奖赏。另两艘船的船员们齐声高唱"伟大的荣誉归于上帝"——小不点"尼娜"号的船员们也坚信他们看到的堤岸是陆地。为此,船队改变了航向,从正西转向了西南。只可惜他们空欢喜了一场——所谓的"陆地"只不过是"雾堤"②。因此,马丁·平宗没有拿到那份奖赏。26日,星期三,哥伦布在航海日志中又写道:"海面平静如小河。"在接下来的三天里,他们航行了69里格。星期六风平浪静,他们看见了一只名叫"白腹军舰鸟"的鸟——这种鸟从不落在海面上,离开陆地从不超过20里格。哥伦布满怀信心地秉笔写道:"现在就差听陆地上夜莺的歌唱了。"

30日,星期天,"热带鸟"又出现了。哥伦布写道:"这是一个非常明显的标志——陆地就在前方。"根据星期一的航海日志,他们离开西班牙的耶劳岛已经707里格。星期二,他们只看到了一只白色的海鸥,星期三看到了角嘴海雀以及大片的海草。哥伦布坚信船队

---

① 公元前13世纪时犹太人的民族领袖。据记载,他曾受耶和华之命,率领被奴役的犹太人逃离古埃及,前往富饶的迦南地。

② 雾堤是温暖潮湿的气流经过寒冷的陆地或水的上空时形成的自然现象,远看很像堤岸。

哥伦布传

经过了"一些岛屿"①,正在靠近亚洲大陆。星期四,他们看见了一群角嘴海雀、两只鹈鹕、一只白腹军舰鸟和一只海鸥。10月5日,星期五,他们看到了一些角嘴海雀以及飞鱼。

我们在此引用哥伦布航海日志中的这些简单的描述,只是想说明他当时是怎样三番五次以为船队已接近亚洲海岸。10月6日,平宗请求改变航向,转向西南方。但哥伦布坚持要按原来的方向航行。7日,在前边领队的"尼娜"号鸣炮升旗,表示他们看到了陆地。但这次他们又失望了。哥伦布下令无论是在日出还是日落时分都要严密观察。次日,他到底还是根据北边飞来的鸟群飞行的方向,让船队追随鸟群改变了航向,转向西方偏西南。8日,"海面就像是塞维利亚河的河水一样平静",海草非常稀少,他们让几只陆地鸟落在了船上。9日,向西南方航行了5里格后,随着风向的变化,船队转向西边偏北的方向。夜间,他们不时听见有鸟群飞过的声音。

10月10日,船员们提出了抗议——这被历史书夸张成了"暴乱"。根据一些权威的历史书记载,哥伦布只是要求船员们再继续向西航行三天,船员们就聚众闹事。不过,哥伦布的私人笔记却是这样记载这一天的:"船员们抱怨说这趟航行拖的时间太长,他们不愿再往前走了。海军上将竭尽全力鼓舞士气,提醒他们前边有巨大的利润在等着他们。他还坚定地补充说:任何怨言都无法改变他的决心——这次航行的目的地是印度地区,在上帝的保佑下一定能成

---

① "大片的海草"远看像是"一些岛屿"。

功,不达目的他誓不罢休。"在他的日记里只有这么一段文字记载是关于所谓"暴乱"的。

如果按照历史学家奥维耶多的说法,这件事发生在他们发现陆地三天之前,那就应该是 10 月 8 日。而关于那一天,航海日志是这样记载的:"船队转向西边偏西南的方向,日夜行驶,走了有十一二里格……如果测量数据准确的话,夜间有时时速可达 15 英里。感谢上帝,海面就像是塞维利亚河的河水一样平静。空气温润,弥漫着芬芳的香气,沁人心脾,仿佛是塞维利亚的四月天。水草鲜亮。许多大陆鸟(跟他们养在船上的鸟属于同一种类)展翅飞向西南方。另外还看到了一些灰鸟、野鸭和鹈鹕。"

航海日志中并没有提到什么"暴乱"。这可是哥伦布的亲笔记载。这表明:历史学家们可能是根据船员们的陈述,对他们的"绝望心情"进行了添枝加叶的改造,使之具有传奇色彩(他们很可能是张冠李戴,把迪亚士①的探险经历安在了哥伦布的头上)。而根据哥伦布的航海日志,他们坚定地认为他们在一点点靠近陆地。

10 月 11 日,发现陆地已成了板上钉钉的事情。至于他们发现新大陆第一岛并成功登陆的日期,有的历史学家说是 11 日,有的说是 12 日。

航海日志的原始记载则是:"10 月 11 日,船队向西航行,继而向西南航行。风浪比以前加大。海军上将的船附近出现了几只海

① 葡萄牙航海家。

雀和一根绿色枝条。'品塔'号的船员看到了一截树杈以及一大一小两根木桩,于是将木桩捞起,觉得它们是用铁器砍削而成。另外,他们还捞起了一根甘蔗。除了这些,他们还看到了一些陆地灌木和一小块木板。'尼娜'号的船员也发现了一些陆地的标志,看到了一根长着刺和结着鲜花的树杈。看见这些迹象,每个人都松了口气,心情变得欢快起来。顺着这个方向,他们又往前行驶了27里格。

"海军上将在日落时分下令让船队朝着正西方向航行。船队航行的时速为12英里,到深夜两点总共航行了90英里。

"三艘船中最快的'品塔'号一马当先,行驶在最前边。它按约定的方式发出信号,宣布发现了陆地。一位叫罗德里戈·德·特里亚纳的船员是第一个看到陆地的。其实,晚上10点钟的时候,海军上将在船尾的观察台上看到了一线亮光。但那光被层层黑暗裹罩着,他不敢确定那是不是陆地的迹象,于是把国王的内侍佩德罗·古铁雷斯叫来,说自己似乎看见了亮光,让他再仔细瞧瞧。内侍瞧了瞧,也看见了亮光。海军上将又把塞哥维亚①来的罗德里戈·桑切斯(此人受国王和女王委派,在船队里任监察员)唤来观察,但桑切斯什么也没看见(按他当时站的位置,果真是什么也看不见的)。

"这之后,那亮光又出现了一两次,就像蜡烛光一样,一隐一现的,谁也不会觉得那是陆地的迹象。但海军上将却坚信那是陆地的

---

① 西班牙的历史名城。

迹象。船员们齐声欢呼,庆祝胜利。海军上将命令他们爬上船楼仔细观察,宣布除过王室的奖金之外,他还要立刻奖赏首先看到陆地的人一件丝绸上衣(根据约定,王室将付给首先看到陆地的人终身奖金,每年一万西班牙硬币)。

"深夜两点钟,陆地终于出现了,离船队大约有两里格远。"

这就是航海日志里记录的发现陆地时的情形。这一记载的每一细节都值得仔细研究和阅读——它跟三十年后出现的经过修改的描述大为不同,一前一后形成了奇异的反差。历史学家奥维耶多的描述颇具喜剧色彩:

"最大的那艘船上有个莱佩来的船员,当时大声叫道:'前方有火光! 发现陆地啦!'哥伦布的仆人立刻说道:'这话海军上将已经说过了。'哥伦布紧接着说:'刚才我就说我看见了火光和陆地。'那是个星期四,当时的情况是这样的:深夜两点钟,这位海军上将把一个名叫埃斯科韦多的先生(此人是王室内阁的官员)叫了来,说他看见了火光。拂晓时分,大船上的船员看见了位于他们北边的被印第安人称为'瓜纳哈尼'①的岛屿。

"那是 1492 年 10 月 11 日,白天来到时,特里亚纳②来的罗德里戈成为发现陆地的第一人。"

其实,完全可以肯定地说,陆地是在 1492 年 10 月 12 日发现的。

---

① 该岛后更名为"圣萨尔瓦多岛"。
② 西班牙塞维利亚的一个街区,与市中心隔瓜达尔基维尔河相对。

于是,奖赏第一个看到陆地的人的那笔奖金最终还是发给了哥伦布,每年一万西班牙硬币,贯穿于他的一生。那时的一枚西班牙硬币比现在的六美分还要少一点。所以,他每年能领到大约600美元。

西班牙硬币的价值在随着时间的变化而变化,所以在计算时会相当混乱。这种钱币被废除之前,一枚西班牙硬币已经贬值到了半个美分。

第四章

10 月 12 日登陆；土著人以及他们的邻居；寻找黄金；发现古巴；沿海岸航行。

10 月 12 日，星期五，他们看到了一座岛屿——该岛属于卢克雅思群岛，拉斯·卡萨斯说"它在印第安语中叫'瓜纳哈尼'"。很快，他们就看到了一些赤身裸体的人。哥伦布和马丁·阿隆索·平宗以及后者的弟弟维森特·亚尼兹（"尼娜"号的船长）乘坐一只全副武装的小船上了岸。这位海军上将展开了西班牙王室的旗帜，另两位船长各举一面绘有十字架的旗帜（海军上将命令每艘大船上都升起这样的旗帜作为王权的象征，上面绘有字母"F"和"Y"①，而这两个字母分列于"铁十字符号"②两侧，每个字母上方有一顶王冠）。

---

① 这两个字母是 Father(天父)和 You(你)的缩写，寓意"天父保佑你"。
② 西班牙王国的象征。

上岸后,他们看见岛上树木郁郁葱葱,水源充足,有着各种各样的水果。

"海军上将把那两位船长以及其他一些一道上岸的人召集在一起,其中包括船队公证人罗德里戈·迪斯科维多和塞哥维亚来的罗德里戈·桑切斯,让他们见证公开举行的仪式——他为国王和女王陛下占领了这座岛屿……很快就有许多岛上的居民跑了过来。以下是海军上将的原话,出自他对第一次远航中发现印度群岛的记载。"(拉斯·卡萨斯语)

10月11日至12日。"当地居民对我们非常友好。我觉得让他们皈依我们神圣的宗教,最好用仁爱的方式而非武力,于是就向他们赠送红帽子和玻璃珠子(他们如获至宝,把玻璃珠子挂在脖子上),还赠送了许多不值钱的小玩意儿,使得他们欣喜若狂。这样,他们对我们一直都很友好,真令人高兴!

"后来,他们游到了我们的小船跟前,带来了鹦鹉、成捆的棉线、标枪以及许多其他的东西。他们拿这些东西和我们进行交换——我们给他们的是玻璃珠子和小铃铛之类的东西。总之,我们给他们什么他们要什么,而他们怀着良好的意愿倾其所有,将一切都奉献出来。但我觉得这些人在物资上是极端匮乏的,什么都缺。

"这些人全都一丝不挂,跟刚出生的婴儿一样,女人也是如此(我只看到了一个真正年轻的女人)。我所见到的男性岛民都很年轻,没有一个超过三十岁,一个个身强力壮、相貌堂堂,五官长得都很漂亮,头发跟马尾一样浓密,剪得短短的。他们有的在前额留发,背后拖一条小辫,长长的,从来不剪;有的在身上涂黑色颜料(他们跟加那利群岛土著人的肤色相同,不黑也不白),有的则涂白色颜料,有的涂红色,反正能搞到什么颜色的颜料就涂什么颜色。他们有的涂脸,有的涂全身,有的只涂眼圈或鼻子。

"他们手无寸铁,似乎也不知道武器是什么——我向他们展示我的剑时,竟然有人用手抓剑刃,结果由于无知割破了手。他们压根儿就没有铁器,手中的标枪只不过些木棍,上面并无铁尖(有的在木棍的一端绑上鱼牙,有的绑其他的东西)。他们体形健美,面相典雅、大方。我见他们当中有人身上带着疤痕,便借用手势问那是怎么回事。他们也用手势告诉我说别的岛上的人入侵这儿,要抓他们当俘虏,他们出于自卫而致伤。我认为(现在仍认为)那些入侵者来自大陆。

"他们性格温顺,一定能够成为好仆人——我发现不管叫他们干什么,他们会立刻照办。我觉得他们没有宗教信仰,坚信不费吹灰之力就可以让他们成为基督教徒。如果国王陛下愿意,我可以在离开时带回国六个岛民,让他们学说西班牙话。在这个岛屿上,除了鹦鹉,没见到任何别的动物。"

拉斯·卡萨斯说以上就是哥伦布的原话。而哥伦布的航海日志对第二天则有这样的记载:

10月13日,星期六。"天刚放亮,就有许多岛民来到了海滩上,正如我说过的,全都很年轻,体形优美,英俊潇洒,头发毛茸茸的,但直而蓬松,有点像马的鬃毛。他们的额头比我所见过的其他地方的人要宽许多,眼睛很漂亮,不算小,肤色和加那利群岛的土著人一样,并不黑(这也不奇怪,因为这座岛跟加那利群岛的费鲁岛处于同一纬度)。

"他们划着独木舟来到我们的船跟前(这种独木舟用一根树干做成,很像一只长条船,工艺很巧妙,具有当地特色,大的能坐四十或四十五个人,小的只能坐一个人)。他们的桨很像面包师用的铲子,划起来稳稳当当的。万一独木舟倾覆,他们立刻下水将其扶正,然后把葫芦绑在舟上增强其稳定性。

"他们带来了成捆的棉线、鹦鹉、标枪以及其他的小东西(由于太烦琐,不便一一记录),反正拿来的东西形形色色,能换什么就换什么。

"我见他们有些人鼻子上有窟窿眼,上面挂一个小金环,于是便用尽心思向他们打听哪里有黄金。通过他们的手势,我了解到:往南走,或者绕着这座岛屿往南走,那儿有个国王拥有大量的黄金,一船一船的。我竭尽全力劝说他们去那儿寻找黄金,但后来才知道他们根本就理解不了'去'的意思。①

---

① 作者注:哥伦布发现的这第一片陆地,土著人称之为"瓜纳哈尼",后被哥伦布更名为"圣萨尔瓦多岛"。不过,地图上标的圣萨尔瓦多岛究竟是不是这座岛,还是一个大大的问号。近年的研究有一个共识——他当时发现的岛屿其实就是现在的瓦特林岛。1860年,美国海军上将福克斯遍访这些岛屿,亲临实地考察,并查阅哥伦布后续航行的笔记,对这一问题进行了彻底研究,为的是搞清他后续航行的出发地,最后认为他发现的这第一片陆地既不是圣萨尔瓦多岛,也不是瓦特林岛,而是同一岛群里的萨马纳岛。这个话题实在有意思,所以我们在本书最后的附录中比较详细地列出了他的考察结论。

"我决定留下来,等到次日中午再出发往西南的方向行进。许多岛民告诉我,在南方、西南方以及西北方都有陆地,但经常有人从西北方过来跟他们打仗,所以我觉得最好往西南方向行驶去寻找黄金和宝石。

"这座岛屿面积非常大,非常平坦,树木郁郁葱葱,水源充足,岛屿中央有一个大湖,看不见任何山脉,满眼的绿色,真是赏心悦目。岛民们十分温和,非常渴望得到我们的东西——他们觉得除非给我们一些东西,而且再不收回去,否则就别想得到我们的财物。他们一拿到交换来的东西,就立刻跳进水里游走。他们给我们的是他们所有的财产,而我们给他们什么他们就要什么——他们甚至用财物换取破了的汤碗以及玻璃杯。我亲眼看见他们用 16 捆棉线(里面所含的棉纱能超过 25 磅)跟卡斯蒂利亚布兰卡港来的一个船员换取三分钱的葡萄牙硬币。这种现象我会禁止的,不允许任何人做这种交换,一旦发现,就把交换来的财物没收上交女王陛下。

"这座岛屿物产丰富(关于这一点,我一时还无法相信)。岛上也有黄金,一些岛民的鼻子上挂着金环。但为了争取时间,我决定继续航行,前去寻找日本岛国。

"到了晚上,他们离开我们的船,划着独木舟回岸上去了。"

10 月 14 日,星期天。"天一亮,我就命令船员们准备好舢板和小帆船,然后沿着岛屿朝北边偏东北的方向行驶,打算去查看别的港湾,同时也看一看岛上的城镇。很快,我就看到了两三个城镇。人们发现了我们,便跑到岸边来,大声跟我们打招呼,冲着上天表示感谢。他们有的给我们送水喝,有的送东西吃。有的见我们无意上岸,便跳进水里游过来——我们知道他们是想问我们是否来自天堂。一个老人爬到了我们的小船上,另有一些人大声对远处的男男女女喊叫:'快来看天堂来的人呀!拿一些吃的和喝的给他们!'

"一大群男男女女跑了来,每个人都拿着吃的或喝的,匍匐在地,仰起脸朝着天空,对上天表示感谢。随后,他们大声冲我们喊叫,让我们到岸上去。

"可我是不敢上岸的,因为我发现这座岛屿四周布满了暗礁。港口倒是非常大,跟欧洲的港口没什么两样,能容得下许多船,只不过出入口却极其狭窄。港内固然有些地方水很浅,但水面平静如井水。

"今天上午我之所以仔细观察了这儿的情况,是为了能详尽地对女王陛下汇报,也是想看看在何处可以修建要塞。我发现有一片陆地虽然不是座小岛,形状却像是小岛,上面有 6 幢房屋,只需要两天的时间便可以将其与其他的地方分隔开,使之成为小岛。不过,我觉得也没必要这样做,因为这儿的人对武器一无所知,很容易征服——关于这一点,女王陛下可以从我带回国的 7 个土著人身上看得出(我带他们回国,是想让他们学会西班牙语,然后再把他们送回来)。我可以根据女王陛下的旨意,或将岛民们全都押送到卡斯蒂利亚,或把他们就地征服,让他们作为俘虏留在岛上——只需要 50 个人,就可以降伏他们,让他们唯命是从。

"在上面提到的那个小岛附近有几片林子,简直美不胜收,郁郁葱葱,枝繁叶茂,完全是一派卡斯蒂利亚四五月份的景象,而且水源充足。

"详尽查看了那个港口之后,我回到大船上,然后下令起航。由于岛屿太多,我犹豫不决,不知道先去哪一座岛屿好。我随船带走的那几个土著人借助手势告诉我,说这里的岛屿多得数不胜数——他们说出了一座座岛屿的名称,足有一百多。最后,我命令到最大的那座岛屿去(这就是我当时做出的决定)。那座岛离圣萨尔瓦多有 5 里格远,和有些别的岛之间的距离更远些,而和有些则近一点。那些岛屿都地势平坦,没有山峦,非常肥沃,都有人居住。那些土著人非常单纯,形体非常优美,但他们之间互有争端。"

10 月 15 日,星期一。哥伦布抵达了那座他要去的岛屿,然后继续前行到了一个海岬。日落时分,他在海岬跟前登陆,将该岛命名为圣玛丽亚·德·拉·康塞普西翁①。

"日落时分,我在海岬附近抛锚,打算登陆寻找黄金。我从圣萨尔瓦多岛带来的土著人说这座岛上的居民腿上和胳膊上都戴有非常大的金环。现在想起来,那几个土著人是在撒谎,目的是想寻机逃跑。但不管怎么说吧,我每经过一座岛屿,都渴望将其占领。

"于是我抛锚后等了一天,星期二天一亮,我就率领几只全副武装的小船靠岸,登上了陆地。

"岛上有很多居民,跟圣萨尔瓦多的居民一样赤身裸体。他们

---

① 作者注:即现今的北卡克戴尔岛。

让我们登了岛,满足了我们的要求,提供了我们所需要的东西。

"我乘坐小船返回,看见有一只大独木舟停在'尼娜'号跟前准备做交易。就在这时,我们从圣萨尔瓦多带来的一个土著人突然跳进海里,他们划着独木舟向岸边逃去(昨天半夜时分,已经有个土著人跳水逃走了)。他们把独木舟划得飞快,我们的小船虽然占优势,追了半天也没有追上。独木舟一靠岸,他们跳下去就跑。我的部下上岸追他们,吓得他们狼狈逃窜。

"我们把他们丢下的独木舟带回了'尼娜'号。这时,一个人划着一只小独木舟从另一个海岬过来,要用一捆棉线和我们做交易。由于他不肯到我们的船上来,几个船员就跳下海把他带了上来。我当时在船尾,见到这种情况,便下令带他过来,送给他一顶红帽子,把一串绿色的小玻璃珠套在他的手腕上,还在他的耳朵上挂了两个小铃铛,然后将独木舟还给他,让他回岸上去了。

"接着,我下令立刻起航到西边的另一座大岛去,让'尼娜'号把拖在后边的那只大独木舟放掉,任其顺海水漂走。至于我赠送了礼品,却不愿接受其财物的那个人(尽管他很愿意将那捆棉线给我,我却不肯接受),我发现他一上岸就有人围了上来,觉得不可思议,显然认为我们是好人,而那个逃跑的土著人是坏人,肯定是做了伤害我们的事情,我们才抓他上船的。我善待那个来做交易的人,命令放他走,还赠送他礼品,就是想达到这个目的,让他们对我们有好感,以后女王陛下再派人来,就会受到欢迎。我送给他的所有礼品,加起来也值不了四枚西班牙硬币。"

哥伦布的船队于上午十点钟向他所说的"大岛"进发(他将该岛命名为"费南迪纳岛")——根据印第安俘虏的说法,那儿可以找到黄金。在这座岛与圣玛丽亚岛之间,他遇见了"一个划独木舟的人。那人正从一座岛屿前往另一座岛屿,舟上有一些当地的'面包',像拳头那么大,还有一葫芦淡水和一些红土(这些红土碾成粉末,然后捏成面团),另外还有一些干叶子(这样的干叶子在当地八成很值钱,因为圣萨尔瓦多岛的土著人就曾赠送给了我一些)①。他还带着一只当地人编织的小篮子,篮子里放着一串小玻璃珠和两个白碗(我由此判断他来自圣萨尔瓦多岛)。他到了跟前,请求上船,于是我就让他上了船,叫他把独木舟连同舟上的东西也拖到了我们的船上,随即命令部下给他面包和蜂蜜吃,给他水喝。我打算送他到费南迪纳岛,然后把他的东西都还给他,落下一个好口碑,以后女王陛下再派人来,就会受到尊敬,那时他们就会倾其所有,把东西都献给我方。"

哥伦布继续向他命名的"费南迪纳岛"(该岛现在的名称是"伊纳瓜·奇卡岛")航行。那一整天都风平浪静,船队天黑后才安全抵达那座岛屿。他们等到次日早晨,在一个城镇附近抛锚停泊。前一日上船的那个土著人离船而去,将自己受到的款待告诉了当地人,于是整晚上都有人划独木舟造访船队,给船队送来给养。哥伦布命令部下给来的每个岛民都赠送了一点小礼品,还给他们"糖

---

① 作者注:这些干叶子可能是烟叶。

蜜"吃。随后,他派小船上岸取淡水,当地居民不仅为他们引路,还帮他们把淡水桶运回船上。

哥伦布航海日志中记载:"这些岛民跟以前见过的那些岛民一样——他们有着相同的语言和相同的风俗习惯。只不过我觉得这里的人更温顺、更聪明一些。我发现这些岛民会用棉布做衣服(样子就像斗篷)。

"这座岛屿碧绿碧绿,岛上一马平川,土地肥沃。我坚信,他们一年到头都种植和收获粟(一种稗子),对于其他的作物也是如此。岛上有许多树跟欧洲的树大不相同,有的树的树干上长着各种各样的树权,每根都不一样,简直迥然有异,堪称世界一大奇迹。有的树,树权上结的叶子足有五六种类型,一些像竹叶,而一些则像乳香树的树叶,差别极大。你也许会说这是嫁接出来的树,其实不是,而是在山上自然生长出来的,岛民们管也不管。

"这儿的鱼也跟欧洲的大为不同,简直妙不可言。有些鱼的样子像公鸡,色彩斑斓,有蓝色、黄色、红色,什么颜色都有,有的鱼身上有各种各样的图案,千奇百怪。它们色彩鲜艳,非常漂亮,令人叹为观止,实在赏心悦目极了。另外,这里还有鲸鱼。至于岸上是否有野生动物,我只见过鹦鹉和蜥蜴,别的倒没有看见过。一个男孩告诉我,他见过一条大蛇。在这里,我也没见到家养的绵羊、山羊或其他的动物(虽然在岛上待的时间很短,只有半天,但如果有家养动物,我是不会看不见的)。"

10月17日,星期三。哥伦布于中午时分离开了小镇,准备环岛航行一圈。他原打算往南走,再往东南方向航行,但"品塔"号的船长马丁·阿隆索·平宗听一位随船的印第安人说走西北方向会更快些,一路都是顺风,于是他便选择了走西北方向。往前航行了两里格,他发现了一个良港,那儿的印第安人很友好,于是就派人上岸找淡水。他在航海日志中写道:"在这段时间里,我观察了一下岛上的树木,觉得它们美不胜收,堪称天下最美的树,跟安达卢西亚①五月间的树木一般青翠、繁茂。这儿的树木、水果、草药以及石头等,跟欧洲的有着极大的不同,简直天差地别。有些树固然和卡斯蒂利亚的有些许类似之处,但仍存在着极大的差异。至于别的树,则跟卡斯蒂利亚的就毫无相像之处了。

"据找淡水的人回来说,他们进了岛民们的屋子,见里面打扫得干干净净,床上和其他家具上蒙着棉线网一样的东西,当地人称之为'哈马克斯'(Hamacas)。岛民的房屋十分像帐篷,烟囱很高、很漂亮②。

"不过,我见过他们的许多小镇,没有一个镇上的房屋超过十五幢。岛上的人家养的有狗。那几个找淡水的人说,他们看见有个岛民鼻子上挂着一块金子,样子就像半枚'卡斯蒂利诺'③,上面还刻的有字。我责怪那几个船员,说应该不惜一切代价将那枚金币换回来,看看它是哪儿的钱币,而船员回答说他们当时没敢那样做。"

---

① 位于西班牙南部,风光旖旎。
② 作者注:据拉斯·卡萨斯说,那些所谓的"烟囱"并不是用来通烟的,而是一种"房冠",底部没有通烟口。
③ 作者注:一种卡斯蒂利亚金币,约重六分之一盎司。

　　　　　　　　　　哥伦布传

哥伦布继续朝着西北方向航行,后来折向东方偏东南,再转向东方,继而又朝着东南方行驶。天气沉闷、压抑,据他记载:"当时有一种风雨欲来的迹象。自从来到这些岛屿,老天爷总是下雨,不是下小雨就是下大雨。"

10 月 19 日,星期五。前一日,他们没有登陆,而这一天他让船队的船只兵分三路——一艘船往东方和东南方,一艘往南方偏东南,他本人则指挥"圣玛丽亚"号驶向东南方。他命令另两艘船保持各自的航线,中午时分跟他会合。他们会合的地点是东边的一座岛屿——他将该岛命名为"伊莎贝拉岛",而随船的印第安人称之为"撒傲米特岛"(Saomete)。这座岛可能就是现在的大伊纳瓜岛①。

根据哥伦布的记载:"整个海岸,连同我所见到的这座岛屿的部分地区,几乎都很平坦。如果说别的岛屿很漂亮,那么,这座岛就是无比漂亮了。"船队在一个景色极其美丽的海岬抛锚停泊,他将其命名为 Cabo Fermoso(意即"美丽的海岬")。"海岬上满眼翠绿,风光旖旎,让人流连不已,真不知先看哪一处好了——那风景与欧洲的很不相同,实在叫人百看不厌。我坚信这儿有许多草木如果拿到西班牙去会有很大的价值,或作染料,或当药品,但遗憾的是我不懂行,不善于识别。登上这个海岬,扑鼻而来的是鲜花和树木散发出的芳香,沁人心脾,使人陶醉,那可是世界上最好闻的气味了。"

---

① 大伊纳瓜岛位于巴哈马群岛南端,西南距古巴 90 公里,岛长 80 公里,宽 40 公里。

哥伦布听说岛内有个国王身上穿着衣服①，还戴着许多黄金饰品（不过，他认为此处黄金稀缺，即便国王戴的黄金饰品很少，当地人也会觉得很多）。了解到这种情况后，他决定次日去拜谒国王。但第二天他没去成——他发现附近的海水太浅，船队无法靠岸，而且风力不足，夜里才有了足够的风。

10月21日，星期日早晨，船队抛锚停泊（停泊地点似乎比较靠西）。哥伦布吃过了早餐，然后登陆。上了岛，他只看到了一幢房屋，里面空无一人，于是命令不许动屋里的任何东西。回忆这段往事时，他又极口称赞岛上的美丽风光，说此处与以前他所见过的别的岛屿相比简直美得无与伦比。他在航海日志中写道："岛上鸟语花香，令人不舍离去，鹦鹉多得数不胜数，飞起来能遮住太阳；鸟禽种类繁多，跟欧洲的有着很大的不同，叫人叹为观止。树木的种类千差万别，各有各的果实，每一种都散发出醉人的香气（我知识贫乏，对这些树一无所知，倍感苦恼）。"

船员们在岛上的一个湖里捕杀了一只巨蜥（拉斯·卡萨斯称其为 guana②，而我们叫它 iguana③）。

在找淡水的过程中，船员们发现了一个小镇，镇上的人见了他们撒腿就跑，但也有些留了下来，其中的一个迎上前来。哥伦布给了他几个小铃铛和玻璃珠子，他感到高兴极了。随后，哥伦布向他

---

① 岛民们赤身露体，国王穿衣服则是一种尊贵的象征。
② 鬣鳞蜥。
③ 巨蜥。

要淡水,岛民们乐得效力,用葫芦盛了淡水,送到了海岸边。

哥伦布仍想拜谒印第安人说的那个国王,之后打算到另一个岛屿去。他在日志中这样写道:"我打算去另一个非常大的岛屿——我坚信那就是 Cipango(日本),当地人称之为 Colba①,然后再去一座他们叫 Bosio 的岛②,以及沿途见到的别的一些岛屿。至此,我前往亚洲大陆寻找杭州城的决心仍未改变,一定要把女王陛下的亲笔信转交给中国的皇帝,然后将皇帝的复信带回国。"

10 月 22 日和 23 日,他停留在这座岛屿,等待着见那位国王,但后者迟迟不露面。于是,他准备在顺风出现时继续向前航行。他在日志中写道:"环岛航行必须有合适的风向,而合适的风向不是说来就来的。"23 日午夜,他命令起锚,准备到古巴去。

他是这样描述古巴的:"听说那是一个非常大的地方,运输业很发达,盛产黄金和香料,大船云集,商贾极多。当地土人告诉我,应该往西偏西南航行,这也是我的看法。我虽然听不懂岛上居民们以及随船土著人的话,但通过他们的手势,我认为那个地方(古巴)就是 Cipango(日本)。关于它,有着种种奇妙的传说,我在地球仪上以及彩绘地图上也见过它,而现在它就近在眼前了。"

次日,船队看见了六七座岛屿(这大概是大巴哈马浅滩③东侧和南侧的几座重要的岛屿)。10 月 26 日,哥伦布命令船队在这些

---

① 作者注:哥伦布可能拼写错了,应该是 Cuba(古巴)。

② 作者注:大概是 Bohio(波希奥岛)。

③ 大巴哈马浅滩是巴哈马群岛岸外的大浅滩。

岛屿的南边抛锚停泊,第二天继续向古巴航行。

10月28日,星期日,船队抵达了一个海港,哥伦布将其命名为圣萨尔瓦多港(即现在的尼普港)。他见这儿风光旖旎,不由陶然若醉,为那美丽的景色而痴迷。根据拉斯·卡萨斯的描述,"哥伦布看见了棕榈树,觉得它们和几内亚的树以及欧洲的树完全不同。他发现这座岛屿美丽无比,简直漂亮极了,江河纵横,良港密布,群山起伏。很显然,这里的海水很平静,因为岸上的青草一直长到了海水边。直至现在,岸边仍满眼的翠绿。这之前,他已经去过了许多岛屿,但没有遇到过大风大浪。不过,后来他却领教了大风大浪的威力"。

第五章

在古巴登陆;雪茄和烟叶;"日本"和"中国皇帝";从古巴
到海地;沿途海岸线及港口。

哥伦布在该岛登陆后,沿着海岸走了一段路就看见了一些非常
漂亮的房屋——那是他在这趟航行中所见过的最好的房屋,十分宽
敞,样子像帐篷,里面收拾得整整齐齐,不在街道两边,而是散布各
处,全都由棕榈树木搭建而成。这里的人家养的有狗,但从不叫(这
种动物可能是古巴鼩①)。此外,他们还有驯化的野鸟、"奇妙的网
状卧具②、鱼钩、渔具、雕刻出的面具以及人像。居民们已逃走,我
们没有动他们的东西"(哥伦布语)。

---

① 古巴鼩是一种古老的动物,起源于7600万年前,主要猎食昆虫。在欧洲人到
来之前,这种动物曾经大量生活在西印度群岛上,大多分布在古巴。这种动物一度被认
为已经灭绝,而2003年生物学家在古巴又发现了一只。
② 作者注:大概指的是吊床。

他率领船队继续往西北方向航行,中途看见一个海岬,便将其命名为帕尔马斯卡波。随"品塔"号航行的印第安人说过了这个海岬,前边有条河,那儿离所谓的"古巴"有四天的航程。其实,此时他们沿着古巴的海岸线已航行了两三天。"品塔"号的船长马丁·平宗认为"古巴"是一座城市,而眼前这片向北延展的陆地就是亚洲大陆。哥伦布则至死都坚信他们发现的陆地是亚洲大陆。

马丁·平宗还认为,这片陆地上的国王正在跟中国的皇帝交战(当地人将中国的皇帝称为"卡尔尼")。哥伦布决定到印第安人所说的那条河去,向国王递交西班牙的国书。他打算派一个去过几内亚的船员以及几个瓜纳哈尼岛的印第安人前去递交国书。也可能,他听到"卡尔尼"一说,心里深受鼓舞,觉得他们离中国的皇帝已经非常近了。

不过,他没有立即将信使派出去,而是又返回了两天前去过的那个小镇,因为无论是风向还是海岸的状况都不利于到那条河去。

回到小镇时,那儿的人又逃光了,但"过了许久,有个岛民出现了"(哥伦布语)。他把一个随船的印第安人派上岸——此人先是向岛民们大声喊叫,让他们不必害怕,说这些船员是好人,不会伤害任何人,他们不是中国皇帝的属下,到过许多岛屿,都向岛上的居民赠送了礼品。随后,这个印第安人跳进海里,游上了岸。两个岛民抓住他,把他带进一间屋子里细问。听了他的宽心话,就有岛民划着独木舟来到了船队跟前,带来了一些棉线以及其他的小物件。可是,哥伦布下令不许收取这些东西,让对方明白他们别的什么都不要,只要黄金(当地人称之为 nucay)。

哥伦布在这个地方没有看到黄金,却发现一个岛民的鼻子上挂着个银制饰品。岛民们通过手势告诉他:三天内将会有商人从内陆赶来跟船队做生意,那时会带来国王的消息(根据岛民们的手势看来,国王离此处有四天的航程)。他在日志中写道:"可以肯定,所谓的'内陆'就是亚洲大陆。如此看来,我们离泉州和杭州差不多只有 100 里格的航程了。这一点从潮汐的变化看得很清楚——此时的潮汐跟以前的大不相同。昨天朝着西北方向航行,我发现海水都变冷了。"

他一直以为自己正在接近日本(即所谓的 Cipango)——抱着这种想法,他沿着古巴的北海岸航行,差不多考察了那儿一半的海岸线。后来,他又折回到了东方,因为他听土著人说东边巴贝克岛上的人找到黄金后,会用锤子将其砸成金锭。据他猜想,那些黄金是他们夜里点着蜡烛在海滩上寻找到的①。

回到东边后,他命令把船拖到岸上修理。11 月 2 日,他派了两个部下到内陆去,其中的一个部下是犹太人,懂迦勒底②语、希伯来语以及一些阿拉伯语,希望能在岛上找到一个会说这几种语言的人。和他们同行的还有一个瓜纳哈尼的印第安人和一个附近岛屿来的人。

---

① 哥伦布可能觉得:黄金会反射蜡烛光,容易发现。

② 新巴比伦王国(Neo-Babylonian Empire)用的是迦勒底语。该王国是存在于公元前 626 年至公元前 539 年的西亚国家,由居住在两河流域南部的迦勒底人所建,故又称迦勒底王国。

这支小分队于 11 月 15 日夜里返回,汇报说他们在十二里格开外的地方发现了一个村落,里面约莫有 50 间大屋子,形状像帐篷,村民的人数在 1000 人左右。村民们认为他们是天堂派来的使者,对他们恭敬而热情,热烈地拥抱他们,将他们迎进村子里最漂亮的一间屋子。那些村民先是请他们坐在尊贵的位置上,然后自己围成一圈席地而坐,亲吻他们的脚和手,用手触摸他们,看他们是否也是血肉之躯。

正是这趟考察揭开了美洲大陆的面纱,使得世界开始由浅入深地了解这个大陆,并利用这儿的财物。考察队看见当地的男人和女人"用燃烧的木炭点着草叶①,然后吸草叶燃烧所产生的烟"。这是这支考察队的说法。而拉斯·卡萨斯的说法则是:"当地人把干叶子卷起来,卷成一根小棍子的形状,然后把一端点燃,再从另一端用嘴吸入由此产生的烟,据说有安眠兼醒神的功效,还可以解乏。我们将其称为'烟枪',当地人称之为'烟草'。据我了解,这座伊斯帕尼奥拉岛②上的西班牙人吸这种烟已成瘾。如果你对他们说这是恶习,他们就会回话说他们想戒也戒不掉。真不知他们尝到的是什么滋味,或得到的是什么好处。"拉斯·卡萨斯此处所说的显然是雪茄。

1892 年 11 月 3 日(或 4 日),人们用了九天的时间对雪茄进行改造,使其面貌焕然一新——烟民们不妨将这一天定为欧洲人学抽雪茄 400 周年纪念日。

---

① 此处所说的"草叶"即"烟叶"。
② 即海地岛,是加勒比海中第二大岛,仅次于古巴。

言归正传。11 月 11 日，对船只的修理工作已全部结束。

据哥伦布说，11 月 11 日，星期日，他突然想到应该将这条河流域的人带几个回西班牙。"让他们学西班牙语，了解西班牙的风俗习惯，以后回到这儿来，可以传播基督教，让当地人接受西班牙的习惯和信仰。据我了解，这儿的人没有宗教，也没有崇拜的偶像，但非常温和，不知道什么叫邪恶，手无寸铁，不知道什么叫杀戮和侵略。他们十分胆小，我们的船员和他们开玩笑，一个人就吓跑了他们十个。他们相信天堂里有一个上帝，而我们就是来自天堂。他们愿意跟着我们祈祷，学说我们的祈祷词，还跟着画十字。

"女王陛下不妨考虑使他们成为基督徒。我坚信此事只要一开始，镇上就会有大量的人皈依我圣教。

"毫无疑问，这片土地上有大量的黄金，因为我们随船的土著人说的话不可能是捕风捉影——他们说这儿有黄金可挖，当地人的脖子、耳朵、胳膊和腿上都戴有黄金饰品，那些饰品又粗又重。

"除了黄金，这儿还有宝石、贵重的珍珠以及无数香料。昨天夜里我从马里斯河出发，沿途见到了许许多多的乳香树——毫无疑问，这儿的乳香要多少有多少。这种树的根很深，数量多，叶子和果实形状相似，都很大，树干也很粗，一如老普林尼①在书中的描述。我在希腊群岛的希俄斯岛曾见过这种树。

"我让船员把许多乳香树的树皮割开，看有没有乳香胶②流出

---

① 古代罗马的百科全书式的作家，以其所著《自然史》一书著称。
② 亦称玛蒂树脂，是一种天然树脂，现主要用于口香糖的加工。

来,以便收取。我在以上提到的那条河的流域时,正是乳香胶丰盛的时候,而现在就难以得到了,所以只能给女王陛下带回国一丁点。现在已经过了收取乳香胶的时候——我认为最佳期应该是在初春,那时冬叶开始脱落,花儿含苞待放,而此刻果实都快熟了。

"这儿的棉花也很多,我觉得就地销售销量就会很好,没必要运回西班牙,抑或运到中国皇帝统治的那些大城市去(那些城市早晚都会被我找到的),也没必要运到别的王国(那些王国将听命于女王陛下)。到时候,这里就是西班牙在西方的基地,可以把西班牙以及东方大陆的东西拿到这里进行交换。

"芦荟在这里处处可见,此处就不详细叙述了。而乳香胶却是需要认真考虑的,一是因为它稀缺,以前仅在希俄斯岛见过,二是由于它珍贵,如果我没记错的话,他们卖乳香胶曾获利 50000 达克特①。此处有一个我所见过的最好的海港,水很深,且容易停靠,是一块筹建大城市的风水宝地。"

哥伦布的航海日志写得妙趣横生,很有价值,写的都是他的所见所闻以及他的印象。其中难免有错讹,但他过后并未做出修改。到了古巴,他并未看到他所希望找到的中国皇帝——对这一错误,他从未做过订正。

他是从卢卡约斯②群岛(即巴哈马群岛)向西南方向航行,从北

---

① 意大利威尼斯铸造的金币,1284 年至 1840 年发行,曾通用于欧洲。
② 巴哈马群岛上最早的居民为印第安阿拉瓦克人,他们自称为卢卡约斯人。后来,西班牙殖民者把群岛上的卢卡约斯人大批掳往海地等地充当奴隶,使岛上居民终于绝灭。

边发现了古巴岛。从 11 月 11 日至 12 月 6 日,他一直在沿着古巴岛的北海岸航行,最终向东返回,接着便横渡过了古巴与海地之间的海峡。

过了海峡,船队向东偏东南 1/4 度航行,于 12 月 16 日进入太子港,将其占领,竖起了十字架。在太子港,哥伦布惊奇地发现在一块大石头上有两根圆木交叉在一起形成了十字架状,"其精致程度比木匠做的还好"(哥伦布语)。

19 日,船队向北边偏东北方向行驶,21 日转向南边偏西南 1/4 度,前去寻找印第安人所说的盛产黄金的巴贝克岛。就在这一天,"品塔"号的平宗船长和哥伦布兵分两路,一个多月后才会师。

哥伦布曾去过古巴岛的多个地方以及附近的几个岛屿寻找珍珠,结果未能如愿。这期间,他从未放松过对黄金的寻找,最后决定到波希奥岛去。随船的印第安人一听大惊失色,说那座岛上的土著人是吃人的生番,只有一只眼睛,长在额头的中央,手持刀枪,抓住俘虏就吃掉。

船队先是到了莫阿湾,然后沿着海岸线朝着皮克角(现称维克兹角)航行,途中由于天气恶劣在桑托斯港耽搁了几天。12 月 4 日,他们继续向东航行,次日望见了远处海地的群山,而那就是哥伦布苦苦寻找的"波希奥岛"。

第六章

发现海地岛（或称伊斯帕尼奥拉岛）；寻找黄金；热情好客、聪明智慧的土著人；圣诞节；船只触礁；建立殖民地；哥伦布向东航行，跟马丁·平宗会合；两艘船返回欧洲；风暴；亚速尔群岛①；葡萄牙；回到祖国。

12 月 6 日，船队从古巴东部的海岬横渡海峡，抵达了伊斯帕尼奥拉岛的东北角（即现在的圣多明各②）。哥伦布说他之所以给该地起了这个名字，是因为他觉得"此处的平原跟卡斯蒂利亚的一样风光旖旎，甚至更胜一筹"。

他沿着这座岛屿的北侧向东航行，希望此处就是亚洲大陆，每

---

① 15 世纪，葡萄牙航海家发现了亚速尔群岛，长期以来，该群岛一直是大西洋航线的重要补给点。

② 多米尼加的首都。

哥伦布传

到一地就向当地人打听哪里有黄金。而当地的印第安人跟以前遇到的印第安人一样，说往南走，波希奥有黄金，还说那儿是陆地，周围没有水。在谈话中，当地的印第安人经常提到"caniba"一词，用来指那儿凶猛的加勒比人，而这个词就是英语"cannibal"（食人者）的词根。听了那些印第安人的发音，哥伦布信心倍增，觉得他正在一步步接近那位东亚皇帝的领地（关于那个皇帝，马可·波罗曾经向欧洲做过详细介绍）。

12月12日，哥伦布登陆，竖起了一个十字架，然后派三名船员到内陆寻找土著人。那几个船员抓到一个年轻的印第安女子，把她带到了船上。那女子鼻子上挂着一个大金环，能听得懂随船印第安人的话。哥伦布给她衣服穿，赠送给她一些人造珍珠、耳环和其他的饰品，然后让她和三名随船的印第安人以及三名船员上了岸。

第二天，那几个人回来说他们看见了印第安人村落，但没有到那儿去。哥伦布又派出去九名船员和一个印第安向导，结果发现大约四里格半之外有一个小镇，镇上足有一千间小屋，居民人数可能有3000。根据古巴村落的情况，一间屋子能住20人。所以，这里的房屋可能很小，要不然就是在数字上夸张了。这支小分队进镇时，居民们小心翼翼地迎上前来，同时表现出了对他们的敬意。很快，居民们打消了戒心，给他们拿来了食物——鱼以及用植物根茎做的面包，"那面包吃起来像是用栗子做的"（哥伦布语）。

在举办欢迎仪式的时候，那个曾经被体面地送下船的印第安女子由两个男子扛在肩头，在她丈夫带领下走了过来。

西班牙船员们觉得圣多明各这儿的土著人比其他岛屿的土著人肤色要白得多。哥伦布说他见过两个土著女人,如果穿上卡斯蒂利亚的服装,一定会被错认为是西班牙人。据他说,当地的天气太热,那些土著人倘若住在比较凉爽的地区,肤色会更白。

12 月 14 日,船队继续向东航行,次日在海地北侧的一个小岛靠岸。哥伦布将其命名为"海龟岛"。16 日午夜,船队起航,又回到了伊斯帕尼奥拉岛。这次,500 名印第安人簇拥着他们的国王前来欢迎他们。国王是个英俊的年轻人,大概有二十岁,随身带来了几位大臣,其中的一位像是他的老师。哥伦布问他在哪里能找到黄金,对方以坚定的语气回答说在"巴贝克岛"能找到,还为他指出了航线,说只有两天的航程。会面结束时,国王尽其所有,向哥伦布提供了给养。后来,船队一直未能找到神秘的"巴贝克岛"(根据拉斯·卡萨斯教士的猜测,牙买加就是所谓的"巴贝克岛")。

话说在伊斯帕尼奥拉岛的那天晚上,国王来船上拜访,哥伦布用欧洲食品款待了他。他们会见时气氛热情、真诚,于是自然难分难舍,在一起度过了两三天美好的时光。国王将这些探险家视为天人,无法相信卡斯蒂利亚有个女王会比他们更有权势——国王及其随从坚信这些探险家是天堂来的使者。

哥伦布从未放弃过对黄金的寻找。他下达了严格的命令:对于土著人赠送的黄金,必须予以回报。在土著人看来,黄金只不过是饰品,他们巴不得用来交换玻璃珠、耳环和小铃铛——他们觉得这些小玩意儿比黄金更具有装饰性。一个酋长(显然是个有头有脸、有权有势的人)用几小块黄金换了几个玻璃珠子(那黄金肯定是从一大块金子上凿下来的),过后觉得很划算,于是回到家中把剩下的金子全都凿成小块拿来和这些白种人换东西。他对这笔交易很满意,对西班牙船员们说他还要去弄到大量的黄金,然后再来做交易。

12月18日,风向不适合航行,于是船队原地等待那位前去弄黄金的酋长回来。当天下午,酋长出现了,坐着一乘四人抬的轿子,由两百多人护驾。一同来的还有他的顾问和导师。酋长上船时,哥伦布正在吃饭,见他来便要起身迎接。他没让哥伦布离座,而是自己坐在了哥伦布的旁边。哥伦布请他吃欧洲食物、喝欧洲酒,他每样都尝了一点,然后赐给了他的随从。讲究礼仪的西班牙船员们觉得他一举手一投足都显得无比高贵。饭后,他的随从拿过来一条漂亮的腰带献给了哥伦布——腰带制作得很精美,上面精致地镶嵌着两小块黄金。

哥伦布发现这位酋长对他船舱里的窗帘很感兴趣,便摘下来,还从脖子上取下几颗琥珀珠子,连同几双红鞋以及一瓶橘子花香水一并送给了他,作为回赠的礼品。

在和酋长一行亲切友好地会面后,船队于19日再次起航,次日到了一个海湾——哥伦布声称那是他所见过的最美丽的海湾。当地人的盛情接待,以及他对伊斯帕尼奥拉岛产生的良好印象使他做出决定,要在岛上建立殖民地。可以说,这一决策决定了他以后人生的轨迹。而这个他交口称赞的海湾就是阿苏尔湾。

他派了几名船员上岸勘察,发现离岸不远处有一个大村庄。船员们受到了村民极其热情的接待。那些土著人恳求这些欧洲人留下来做客,哥伦布接受了他们的邀请,答应留下一部分船员。

在抵达这个海湾的第一天,有三名酋长带着各自的随从来船上拜访了哥伦布,表现得非常友好。次日,一百二十多条独木舟划了过来,满载着土著人认为能拿得出手的礼品,其中有木薯根做的面包、鱼、若干瓦罐淡水和一些香料种子(土著人把这样的香料种子搅拌在水里喝,认为有益于健康)。

同一天,哥伦布派了六名使者到内陆的一个大镇子上拜谒那儿的酋长。那位酋长将相关事务交给他的"秘书"处理,并亲口答应要保障使者的安全,使他们能顺利返回。

23 日,星期日,船队和土著人如前一天一样,彼此仍彬彬有礼。土著人纷纷向船员们赠送礼品,热情地用当地的语言说:"收下吧,收下吧!"这一天来访的人群中有五位酋长。根据酋长们的叙述,哥伦布得知岛上有大量的黄金,这一消息叫他颇为振奋——后来事实证明,正是这些黄金给居民们带来了苦难和毁灭。当时,哥伦布觉得这座岛屿比英格兰岛还要大。不过,他的这一判断是错误的。在第二天的航海日志中他提到了西边的一片名叫"西瓦奥"(Civao)的陆地,据酋长们说那儿就是黄金地。此时,他又一次觉得船队正在接近 Cipango①。

次日早晨,船队告别了热情友好的土著人,扬帆起航,借着徐徐

---

① Civao 和 Cipango 两词有点相似,这就给了哥伦布错觉。

清风继续朝着西方行驶。这一夜是圣诞节前的平安夜,哥伦布十一点入睡。就在他睡觉的时候,船上发生了一件事,改变了他为这次远航制定的所有的计划,也揭开了他建立殖民地的序幕(他的第一次尝试命运坎坷,惨遭失败)。话说他晚上入睡时,海上风平浪静,该船的船长也去睡大觉了,把船舵交给了一个船员掌握。这时,除了这个掌舵的船员,船上所有的人都进入了梦乡,因为他们觉得没必要守夜。

掌舵的是个年轻船员,一不小心让船撞上了礁石。哥伦布回忆时气愤地说,根据海浪的情况是完全可以看得到危险的。船一触礁,那个船员就喊叫了起来,哥伦布第一个从熟睡中醒了过来。他后来为自己辩解说,入睡前他已36个小时没合过眼了。船长也紧跟着来到了现场。但由于海水正在退潮,要挽救已经太迟了。于是,"圣玛丽亚"号搁了浅,陷入了绝望的境地。哥伦布命令砍断桅杆,但这也未能让它摆脱困境。

他派了几名船员划小船去求救,让他们找来铁锚和缆绳。那几个船员逃到"尼娜"号那儿,说"圣玛丽亚"号遇到了危险。"尼娜"号不相信他们的话,斥责他们是叛徒,接着派出自己的小船赶到了出事地点。哥伦布这才得以将"圣玛丽亚"号的船员转移到了"尼娜"号上。

天一亮,热情友好的瓜卡纳加利酋长就来到了船上,眼里含着热泪为他们提供极其温情、极其可心的帮助。他见哥伦布情绪低落,便想方设法安慰他,对他表示同情。他在岸上腾出了两间大房子，以存放"圣玛丽亚"号的物品，还派来许多大独木舟将船上的东西运到岸上。他向哥伦布保证，说一件东西都不会遗失——这一点他说到做到了，没有丝毫的含糊。

这一天风和日丽，海面比较平静，"圣玛丽亚"号上的东西得以安全地转移到了岸上。此时，哥伦布陶醉于当地的美丽风光，再加上受到土著人的热情以及船员们的愿望的影响，于是决定在这儿建立一块殖民地，先以"圣玛丽亚"号上的物资作为给养，等到船队返回西班牙，再带来新的给养（或者由别的船送来）。酋长听了他的计划，感到非常高兴，答应不遗余力地提供支持。于是，他们挖了一个地窖，作为存放给养的仓库，然后在地窖上建了一幢房屋供殖民者居住（这些殖民者只愿意居住在室内）。

酋长派出去一只独木舟去寻找马丁·平宗以及"品塔"号，要把"圣玛丽亚"号触礁的消息告诉他们，但搜寻人员无功而返，说没有找到。在土著人友好的协助下，建立营地的工作在加紧进行，打算以后将这儿扩建成一座城市。此时的哥伦布身边只剩下了一艘小小的"尼娜"号。他决定乘坐"尼娜"号返回欧洲，把自己的发现告诉那里的人，留下40个部下在此处坚守。

船员们似乎很愿意留下来——这儿气候宜人，土著人热情友好，让他们感到心情愉悦。再说，他们不需要费心劳神建造住房，土著人有的是房屋可供他们居住。哥伦布认为，所有返航的准备工作，都可以在12月26日到来年的1月2日之间，用一个星期完成。然而就在他打算向东航行的那一天，却因逆风受阻。

他让船员们又上了岸，用欧洲的武器模拟了一场战役，向土著人展示了他们的军事实力。他朝着"圣玛丽亚"号的残骸开了一炮，叫印第安人见识了火炮的威力。那位印第安酋长对他即将离去深表遗憾。船员们听酋长的一位随从说，酋长已命令他为哥伦布铸造一尊纯金雕像。

哥伦布告诉这位友好的酋长，说只要卡斯蒂利亚的女王下令，他们用这样的武器可以将那些可怕的加勒比人一举消灭。他觉得自己的话产生了很好的效果，并相信这些土著人一定会成为殖民者坚定不移的朋友。

他在航海日志中写道："我吩咐船员们在地窖仓库上修建一座坚固的堡垒和防护墙。这样做倒不是为了提防土著人——虽然据我判断这座岛屿比葡萄牙的国土面积还要大，人口也比葡萄牙的人口多一倍，但我坚信，只要有必要，我率领一队人马就可以将整座岛屿都征服。"不过，哥伦布的估计过于乐观了，这一年还没有过完就发生了悲剧，证明他大错特错了。

他留下了 39 个人驻守这座要塞，要他们担任寻找金矿的任务，委任迪亚哥·达拉纳、佩德罗·古铁雷斯和罗德里戈·德·塞戈维亚为领队。现代人恐怕比哥伦布更为了解殖民地以及殖民者的状况。他当时的安排显然并非明智之举，因为罗德里戈毕竟是"国王侍从，是王室头号人物的官员"，而哥伦布委任迪亚哥·达拉纳为总督，另两人担任他的副官。别的留守人员都是下属，其中有一个是哥伦布的秘书，还有一个在西班牙国内当过警察的船员以及一名火绳枪兵（此人是个百事通，既是个优秀的工程师、裁缝、造船匠、厨师，又精通医术）。所以，这支留守小分队中不乏能工巧匠，有着各种技术人才。他们心甘情愿地留下，对自己的新家园满怀憧憬。

1月3日，哥伦布乘坐小型海船"尼娜"号起航返回欧洲。这艘小船接收了"圣玛丽亚"号的船员，再加上它自己的船员，一定非常拥挤。幸运的是，在星期日，也就是他们起航后的第三天，陆地还没有从视野中消失，"品塔"号就进入了他们的眼帘。马丁·平宗来到"尼娜"号上，解释了他迟来的原因。哥伦布其实心里并不买账，却假装相信了他的话，因为此时不是打口水仗的时候。他坚信：平宗之所以带着"品塔"号离他而去，是想抢头功，是想独自去发现那座到处是黄金的巴贝克岛。虽然马丁·平宗最后决定返回船队，但沿岸航行速度慢，或者不是顺风，途中耽搁了一个星期。在这期间，他们频繁跟土著人接触。在一次接触中，土著人竟然想扣下几个船员当俘虏。平宗先下手为强，俘虏了好几名土著人。哥伦布与平宗会合后，把这些俘虏的土著人都放了。其中有两个土著人受了伤，一个受的是刀伤，一个受的是箭伤。看来，平宗没有使用枪炮。

跟土著人之间的争斗（或冲突）发生在萨马纳湾，哥伦布将其命名为"箭湾"。两艘船会合后，他们朝着东边偏东北1/4度航行了64英里，看见了哥伦布一直在苦苦寻找的那座加勒比人的岛屿。但是，哥伦布最终还是失去了对船员们的控制力。船员们急于返回祖国，不愿跟那些吃人肉的加勒比生番交战。再加上当时西风和煦，宜于远航，于是在1月16日晚哥伦布做出了让步，让船队踏上了归程。

在这一个星期中,哥伦布觉得东边还有许多他没有去过的岛屿,其中最远的距离加勒比群岛不会超过400里格。虽说西南方的确有一系列岛屿,但他的这一判断是完全错误的。

在航行中,他观察到一个奇异的现象,发现信风在持续不断地把他向西吹。他可不想再回到加勒比群岛去!于是,凭着非同寻常的智慧以及他对大西洋海风的些许了解,他命令船队转向,朝着北边航行。在2月14日之前,他们的航行顺风顺水,平平安安。一个印第安俘虏还跳进海水里游泳逗船员们开心。航海日志中频频提到一望无际的绿绿的马尾藻海。但是到了14日,一切都变了样。据航海日志的记载,他们遇到了可怕的风暴,使两艘船陷入危境,一时间似乎斩断了他们返回欧洲的希望。

航海日志中有这样的词句:"2月14日,星期一。夜间风力越来越大,海浪汹涌,从两个相对的风向排山倒海般冲过来,相撞在一起,将船只夹在中间,既无法前进,又无法摆脱海浪的漩涡。由于浪头不断冲击'尼娜'号,海军上将命令降下主帆。在接下来的三个小时里,'尼娜'号向前航行了20英里。后来,风越来越猛,浪越来越大,情况十分危急,海军上将倍感无能为力,只好由着'尼娜'号随风漂去,也不管它漂往哪个方向了。马丁·阿隆索·平宗指挥的'品塔'号也开始随风漂去,过了不多久便消失不见了。这一夜,海军上将一直在用信号灯联系它,它也时不时回应,可后来就没有了反应,可能是风力太大受阻,或者是偏离了海军上将走的那条航线。"直至抵达帕洛斯,哥伦布才见到了"品塔"号。此时,他已向东北方向漂了有 54 英里。

　　航海日志接下来是这样写的:"日出后,风力进一步加大,海况持续恶化。海水冲上甲板,随时都可能使船沉入海底,海军上将一直没让升起主帆,这样船就可以随着海浪起伏,不至于沉没。'尼娜'号先是朝着东边偏东北的方向漂去,后来漂向东北方。朝着这个方向,它大约航行了六个小时,走了有 7.5 里格。海军上将下令叫每个船员都抽签,抽中的人需要在摆脱这场灾难后前往瓜德鲁普群岛①去,给那儿的圣玛丽亚教堂送去五磅蜡烛以示感谢。所有的船员都发了誓,说自己一旦中签就一定完成这项任务。

　　"于是,海军上将下令按人数找来若干干豆,用刀子在其中的一颗豆子上刻了个十字,然后将全部干豆放入帽壳里摇晃,将其搅乱。海军上将第一个把手伸进帽壳里,结果抓出的是那个刻着十字的干豆。这样,他就成了中签人。他将在脱险后去教堂朝拜,把自己发过的誓言付诸实施。随后,他们又进行了一次抽签,这次是要选一个朝拜拉瑞多圣母教堂(该教堂位于安科纳②界内,是教皇辖区的一部分)的人。据说,圣母在那儿创造过许多伟大的奇迹。这次中签的是个从圣玛丽亚港口来的船员,名叫佩德罗·德·维拉。海军上将答应将解私囊为他提供盘缠。除此之外,他觉得还应该有人到

---

① 位于西印度群岛东部,由巴斯特尔、格朗特尔以及其他几个小岛组成。
② 意大利中部滨亚得里亚海的港口城市。

　　　　　　　　　　哥伦布传

莫格尔①去,在圣克拉拉教堂守夜,并且做一场弥撒。于是,他们又把干豆放在帽壳里搅乱,其中有一颗上面刻着十字,这次的中签人又是海军上将本人。他跟所有的船员一起发誓,说一旦能安全靠岸,他们将整装列队前往教堂,感谢圣母的保佑。

"除了大家共同发了誓之外,每个人还有各自的誓言。他们遇到的风暴简直太可怕了,谁都没指望能逃过这一劫,都觉得自己必死无疑。雪上加霜的是,'尼娜'号严重缺乏压舱物——食品、淡水和酒的消耗使得压舱物大大减少。海军上将原以为天气会一如既往的好,就像以前在那些岛屿上的时候一样,所以没有准备足够的压舱物。再说,他原来打算先去女人岛②,在那儿补充压舱的东西。作为补救措施,他命令立即把海水灌进原先盛酒和淡水的空桶充作压舱物。这样,问题也就迎刃而解了。

"海军上将记录了这些情况,说明他当时心情复杂,既害怕救世主让他成为这场风暴的牺牲品,又希望上帝能保佑他,使他逢凶化吉——如此,他打算交给国王和女王的情报就不会随他一道葬身海底。他心怀强烈的愿望,希望能将这一极其重要的情报带回国去,以证实他以前所说的话并非诳语,证实他原先打算发现的陆地已经发现。正因为此,他心生顾虑,唯恐自己中途失败,使得这一愿望成为镜花水月。他承认,当时的他惴惴不安,哪怕眼前飞过一只蚊子,

---

① 西班牙南部小镇。
② 距离坎昆极近的小岛。西班牙人早年曾在此处发现许多马雅陶制女神像,因而得名。

也会叫他焦虑和心烦。他将这种状况归咎于自己缺乏信仰,缺乏对天意的信心。但另一方面,他深知上帝一直在保佑他,并为此备受鼓舞——上帝保佑他完成了伟大的功绩,保佑他有了如此之多的发现,保佑他实现了人生的梦想(尽管在卡斯蒂利亚曾遭遇过诸多挫折和失望,但他最终将种种憧憬变为了现实)。简而言之,宇宙的主宰曾经保佑过他,满足了他的全部要求——那时的他还没有开启这趟无限光荣的探险之旅,还没有取得丝毫的成就。现在他必须相信上帝,相信上帝一定会保佑他完成自己未竟的事业。"

以下是拉斯·卡萨斯对哥伦布原话的概括:"鉴于这些原因,哥伦布声称他不应该对肆虐的风暴有所惧怕。不过,他心里有着自己的担忧和痛苦,这使得他无法得到片刻的安宁。据他说,一想到两个儿子将会成为孤儿,他就感到如乱箭穿心。两个儿子正在科尔多瓦①上学,无父无母,在一个举目无亲的陌生地方该如何是好? 国王和女王尚不知他在这次航行中完成的业绩,不知他正在把好消息带给他们,也就没有责任庇护他的儿子,充当他们的保护人。

"出于这方面的考虑,即便当时风暴肆虐逞凶,他也在考虑怎样才能让国王和女王了解真实情况——在上帝的保佑下,他已经取得了胜利,在所谓的'印度地区'实现了此行的目的,有了诸多发现。他要让国王和女王知道,他去过的那些海岸是没有风暴的,岸上草木郁郁葱葱,一直延伸到海边。他觉得,如果自己在风暴中丧生,也

① 西班牙南部一城市。

应该让国王和女王对这趟航行的情况有所了解，于是取过羊皮纸，尽可能详细地记录了他的发现，并恳请发现这份报告的人一定要将其转交给国王和女王。他把羊皮纸卷起，用蜡布包裹，扎牢，系紧，叫人拿来一个大空桶，把它放了进去。当时谁都不知道那是什么东西，只觉得那是一种表示虔诚的仪式。最后，他命令船员把桶抛进了大海里。"①

天空突降倾盆大雨，随后又刮了一阵狂风，接着风向就转了，转成了西风。他们开始顺风航行，在只有前桅大帆的状况下连续航行了五个小时（他下令降下了中桅的主帆，害怕大浪将其卷走），尽管波涛汹涌，还是一口气向东北方跑了 2.5 里格的路程。

船后风大浪急，不时有海水漫上"尼娜"号小船的甲板，但它一路向东，速度很快，终于在 15 日拂晓时分看见了陆地。哥伦布情知前方就是亚速尔群岛，而那正是这段航程的去向。有些船员则认为他们来到了马德拉群岛②，有的却乐观地觉得自己看到了葡萄牙辛特拉的花岗岩③。直到 18 日，哥伦布才靠岸。他派了几名船员登上圣玛丽亚岛，将他的发现告诉了当地人。起初，人们对此表现出了极大热情。

---

① 作者注：1890 年夏，一个著名的英国出版商出版了一份模仿版的哥伦布的报告书，非常有趣，十分有创意，声称那只装有报告书的木桶是近几个月在英国西海岸发现的。不过，明眼人一看就知道这只不过是一种哗众取宠、无中生有的闹剧。

② 马德拉群岛有"大西洋明珠"美誉，它隶属葡萄牙，位于非洲西海岸外。

③ 辛特拉是里斯本北郊的一座小镇，由一系列植被茂盛的狭窄山峰组成，峰顶是花岗岩。

但随之而至的就是跟亚速尔群岛的总督卡斯塔尼达的交涉，结果叫人不快。后者表面彬彬有礼、热情好客，实际则秉承葡萄牙国王的旨意，千方百计刁难哥伦布，甚至还扣下了哥伦布的几个船员，把他们监禁了几天。那几名船员回到船上后，哥伦布觉得这个群岛很不友好，于是便放弃了在此处补充压舱物以及淡水的计划，扬帆朝着欧洲驶去。

途中，他又遭遇到了风暴，再次陷入了危境。拉斯·卡萨斯叙述："不过，上帝保佑他，又一次挽救了他。他让大家抽签，约定中签者将在脱险后束装前往韦尔瓦岛的辛特拉圣母大教堂去还愿。而这次的中签者又是他本人。所有的船员，包括这位海军上将在内，都发了誓，说抵达陆地后的第一个星期六要斋戒，不吃也不喝。他们的船航行了有 60 英里，大风就把船帆撕破了，只剩下了几根桅杆和几片破帆。但他们依然迎着狂风和滔天巨浪奋勇向前（那狂风和巨浪几乎是从四面八方逼来）。最后，他们终于看到了陆地的影子（实际上，他们离里斯本已近在咫尺）。"

到了里斯本，他们先是受到了热情接待，随后那些葡萄牙官员就变了脸，变得跟亚速尔群岛的总督卡斯塔尼达一样冷漠。不过，国王倒还表现得比较得体和礼貌，按贵宾规格接待了这位饱受暴风雨之苦的海军上将，为他提供修理船只所需的东西。哥伦布借此机会，给他自己的君主写了封信。

13 日，他再度起航，于 15 日进入了他已阔别六个半月的帕洛斯海湾及港口。当初，他是在一个星期五开始这次伟大航程的，发现美洲大陆也是在一个星期五,而安全归国还是在一个星期五。

他的航海日志以这样的几句话作为结束语:"我发现,在这次远航中,上帝以神奇的方式证实了我的话是对的。凡是看到这段记载,看到上帝在我远航的途中所创造的种种奇迹,一定会对此笃信无疑,笃信为女王陛下的宫廷长期效力的我是正确的。我的看法曾经跟王室的一些显贵相左,引起过他们的反对,斥责我的计划是白日梦,攻击我的观点是痴心妄想,而今一切都得到了证实。虽然这次远航并没有经历多大的磨难,但我仍心怀憧憬,希望它将会给基督教带来莫大的荣誉。"

第七章

国王和女王召见哥伦布;哥伦布受到隆重接待;跟教皇以及葡萄牙国王的谈判;奉命第二次远航;丰塞卡;在加的斯整装待发。

哥伦布在里斯本写给西班牙国王和女王的信被媒体传得沸沸扬扬,先是点燃了西班牙民众的热情,继而令全世界为之振奋。这封信早期的版本至今仍是各大图书馆最珍贵的藏品之一——理应如此,因为它首次公开宣布了人类近代史上一次极为伟大的事件。

费迪南国王和伊莎贝拉女王命令哥伦布立即到宫廷等候接见。当时,国王夫妇居住在西班牙东海岸的巴塞罗那,哥伦布需要穿越整个王国去见他们。这是一次场面隆重的旅行——人们夹道欢迎这位和平使者,欢迎这位有着惊人发现的征服者。

要他到巴塞罗那等候接见的那封信是这样称呼他的:"致海军

上将、印度地区新发现岛屿的总督克里斯托弗·哥伦布先生。"这一下，他身价百倍，不再是那个在宫廷里耐心等待了七年，时刻在寻找机会陈述自己规划的可怜巴巴的探险家了。

快到巴塞罗那时，一大群人迎了上来，其中有许多显贵人物。于是，哥伦布的随行人员形成了一支队伍，由六名印第安人领头。那些印第安人按照各自部落的习俗在身上涂了各种颜色，佩戴着将会给他们的国家带去毁灭的黄金饰品——正是这些黄金饰品增加了旁观者对哥伦布新发现的兴趣。

哥伦布总共随船带来了十个印第安人，一个死在了途中，另外三个因生病被他留在了帕洛斯。他带到巴塞罗那来的这六个后来在国王和女王的见证下接受了基督教的洗礼。

跟在印第安人身后的是抬着形形色色稀罕物品的人员——那些物品来自远方的岛屿，有鸟禽和野兽标本，有会说话的鹦鹉（它们说的大概是它们当地的语言），还有罕见的植物（这些植物跟西班牙的截然不同）。此外，他们还向人们展示了一些黄金物件，以显示远方的那些岛屿是何等富有。哥伦布骑着高头大马走在最后，由一队英姿勃发的年轻西班牙骑兵护卫。沿途有许多好奇的人跑过来围观。女人们挤在自家的阳台上和窗户前看热闹，甚至连房顶上都是人。

国王和女王在大殿里等着哥伦布出现，他们坐在富丽堂皇的王座上，王座上蒙着金线锦缎。这座大殿位于所谓的"临时行宫"里，是历代阿拉贡国王来巴塞罗那时的驻跸之地。在场的还有一些西班牙极其显要的大臣和贵妇。哥伦布一进入大殿，国王和女王便站起身迎接。他单膝跪地准备行吻手礼，但国王夫妇却请他站了起来，然后赐座，要他介绍他的航程。

哥伦布的介绍语言得体，简明扼要，令听者无不肃然起敬，在他们的心中引起了共鸣。他向大家展示了一些随身带来的珍宝，以坚定的语气讲述了他的发现，并说这只是一个开始，以后还会有更多的发现。他简单的叙述结束后，所有的人都跪倒在地，齐声歌唱《感恩颂》以及《啊，上帝，我们赞美你》。拉斯·卡萨斯说当时的场面充满了欢乐和憧憬，"就好像他们预先品尝到了进入天堂的愉悦"。

西班牙宫廷为哥伦布的伟大发现举行的这次庆祝仪式异常隆重。400年后，1893年4月24日，人们再次庆祝这一伟大事件，但与西班牙宫廷举行的这次仪式相比似乎就只是小巫见大巫了。

此后的几个星期里，庆祝活动接踵而至，一个接一个。他的一生中，无论是哪个时期，他都从未享受到过如此高的荣誉。常常被人们提及的"鸡蛋事件"就发生在为他举办的一次庆祝宴会上。西班牙宫廷里有这么一些大臣，当别人在海外创建伟大业绩时，他们在国内享受着安逸生活，事后却对那些有作为者加以贬低。在那次庆祝宴会上就有这样一个挑剔的大臣向哥伦布发难，问他这次受到人们交口称赞的探险之旅是否归根结底仅仅是一件简单的小事。他的原话大概是："四五个星期的航程，能有什么发现呢?"哥伦布没有予以回答，而是随手从桌子上拿起一个鸡蛋，问他能不能让鸡蛋站起来。对方说不能，其他的客人也说无法做到。哥伦布把鸡蛋在桌子上磕了磕,磕破了一端,于是它就直直地站立了。然后他说道:"只要有人告诉你怎么做,就不费吹灰之力了。"

如果说五年之后西班牙的统治者淡忘了他们的感激之情,他们当时热烈欢迎哥伦布的场景还是应该被世人所记忆的。伊莎贝拉女王甚至还叫人用他出航归来带回国的一些黄金装饰了一本祈祷书,将其装饰得金光四射,漂亮极了。

女王请来的杰出艺术家不仅用那些黄金装饰了祈祷书的封面,还装饰了书中大卫王①、所罗门王②、示巴女王③以及其他几位君主的肖像插图。后来,女王把这本书送给了她的外孙查理五世④(据说查理五世是近代史上对世界造成危害最大的人)。

这本价值连城的书如今珍藏在马德里皇家图书馆,上面镶嵌的黄金叶片就是发现美洲大陆的最初成果。

西班牙并没有把所有的时间都花在庆祝活动和宴会上,也在筹划第二次远航,而这次远航的资金是不成问题的。王室下令要加快步伐,尽快起航,而且规模要大。他们怕葡萄牙的约翰国王会抢占先机,此人在海洋探险方面一直都是西班牙的强劲竞争对手。于是,他们立即派出了使者去见教皇,不仅仅是要向教皇禀报,还要得

---

① 古代以色列国王。
② 古代以色列国王。
③ 古代阿拉伯半岛的女王。
④ 查理五世统治期间,为了扩大帝国的统治范围,先后和法国、土耳其奥斯曼帝国爆发战争,最终都以胜利告终,并且扩大了欧洲大陆的影响力,使得西班牙帝国在当时盛极一时。

到他的手令,允许西班牙到同一方向开展探索活动。这样的活动至少有先例可循——前任教皇曾允许葡萄牙到非洲去探索博哈多尔角以南的所有地区,当时的西班牙王室通过谈判同意了这一安排。费迪南和伊莎贝拉现在可以以此为例,请求教皇批准他们到大西洋的西岸去探索。现任教皇是亚历山大二世,教皇的宝座还没有坐热。此人是西班牙人,野心勃勃,同时做事四平八稳,既想讨好葡萄牙国王,又不愿意得罪西班牙王室。罗马教廷很尊重西班牙王室的请求。西班牙王室表达了他们的愿望,说希望此行能使异教徒皈依基督教,并说哥伦布在这方面已有所成就,教皇对此表现出极大的喜悦。西班牙的请求直截了当,教皇的回复也不拖泥带水。1493年5月3日,教皇颁布了一条法令,使西班牙如愿以偿。

这条法令对西班牙和葡萄牙都有利,规定以亚速尔群岛以西100里格的子午线为界,界线以西发现的土地归西班牙,界线以东发现的土地归葡萄牙。法令中只字未提其他的海洋国家,就好像它们无权插手这种事务。1494年,西班牙和葡萄牙经过协商,同意将分界线改为佛得角群岛以西350里格的子午线。其实,这两条分界线之间的差异并不很大。

对于这一决议,双方遵守了很长时间。由于对东印度群岛的菲律宾群岛在经度判断上有误,自打麦哲伦发现了这一群岛后,根据这一划分,它们一直归属于西班牙。西班牙认为自己应该拥有大西洋的这条子午线与180度之外的那条相同的子午线之间所有的岛屿和陆地,其疆域实际横跨了半个地球。

根据同一规定的划分,葡萄牙统治巴西达三百多年之久。实际上,巴西过于偏西,远远超越了大西洋的那条分界线。

　　当时,无论是教皇的法令还是外交活动都无法阻止葡萄牙国王把手伸向西方的那些陆地。因此,西班牙王室不无担忧,于是就紧锣密鼓地张罗,要进行第二次远航。这将是一次宏大规模的远航,将会有1000人参加。这只是最初的计划,后来实际参加的人数竟达到了1500。为了提高效率,使各项建立殖民地的措施落地,西班牙成立了一个新的行政部门,由胡安·罗德里格兹·德·丰塞卡领导。

　　丰塞卡身居高位,大权在握,在这个位置上一干就是三十年。他一开始就对哥伦布十分讨厌,因为哥伦布在第二次远航前处理事务时,曾向王室提出请求,要否决他的一项决定,结果获得了同意。丰塞卡在执政期间,处理印第安人的事务时,总是将他个人的利益放在首位,其次才考虑国家或殖民者的利益。不仅哥伦布对他不满,西班牙在西印度群岛的每个官员都有各自的原因对他的当权感到遗憾。

　　葡萄牙国王和西班牙王室针对新发现的土地展开了谈判,整个过程很复杂,相互充满了猜忌。据说,双方最终还是同意了教皇的建议,答应按法令行事。不过,针对尚未发现的陆地之归属权,双方一开始就互不信任,处处钩心斗角,不惜采用极为卑鄙的外交手段以达到自己的目的,因而展开了拉锯战似的谈判。这一系列谈判取得的所谓重要成果就是改变了教皇提出的分界线。现在看来叫人感到好奇,不知葡萄牙国王为什么要提出一条纵横东西的分界线,根据这条分界线,西班牙将拥有大加纳利岛纬度线以北的新发现区域,而以南的则全归葡萄牙。

谈判期间,无论是国王、女王还是哥伦布都很清楚,谁先发现新的区域,谁就占有极大优势。此时,西班牙国内流言四起,说葡萄牙已经向西方派出了船队。在加的斯,远航的准备工作在热火朝天、紧锣密鼓地进行着。此次航行将由哥伦布全权指挥。一些名气很大的航海家也加盟,在他的麾下效力。前去建立殖民地的这支船队将由 17 艘船组成,满载牛、马以及其他一些家畜,另外还有各种各样的植物种子及秧苗。正是有了西班牙的这次殖民远航,美洲才有了甘蔗及其他一些热带植物。

哥伦布在巴塞罗那一直待到 5 月 23 日。此前,王室就下达了尽快起航的命令。5 月 23 日,他亲自赶到加的斯督阵,指挥那儿的准备工作。国内四面八方都有人请命,要求参加远航。一些大户人家的子弟也跃跃欲试,渴望参加这次伟大的探险。起先计划中提出的人数太少,有必要扩大阵容。预算也因此大大提高,这令丰塞卡感到不快。他和哥伦布争吵不断,据说他怀恨在心,后来经常给哥伦布使绊子。在这件事上,国王力挺哥伦布,对他有求必应,丰塞卡只好做出了让步。

准备工作飞速推进,船队不久便整装待发了。这第二次远航离第一次远航才过了一年多一点的时间,而且比前一次规模要大得多。

第八章

　　第二次探险之旅从加那利群岛的加的斯港起航；发现多米尼克①和瓜德鲁普；与加勒比人的冲突；发现波多黎各②；伊斯帕尼奥拉岛；纳维达德③殖民地的命运。

　　历史上再也没有比哥伦布的两次远航之间的反差更为强烈，更具戏剧性的例子了。第一次远航出发前克服了重重困难，最后才得以成行。离开帕洛斯港时，船队只有三艘小船，大多数船员并非心甘情愿，而留在身后的亲人则忧心忡忡。

　　第二次远航今非昔比，出发的是一支壮观的舰队，装备一应俱全，均由王室提供，船上都是情绪高涨的冒险家，一个个怀揣梦想和

----

① 位于东加勒比海向风群岛东北部的一个岛国。
② 位于加勒比海的大安的列斯群岛东部，现为美国的自治区。
③ 智利的一个地区。

对成功的渴望(凡是探险之旅,大抵如此)。

第一次远航时,哥伦布已经经历了八年的挣扎和失败。当时的他身无分文,把赌注押在了一次几乎无人支持的远航上,指望一举成名。第二次远航时,他被任命为总督,将统治半个世界,统治他所发现的所有区域,这一点他心里非常清楚。他周围的人也很清楚,他的疆域实际上就是一个大公国。

当时的情况有利但也有弊。如果说那时无人知晓,那么现在人人都清楚:第一次远航时虽然只有 150 名船员,但他们习惯了艰辛的劳动以及海洋上苦难的生活,若论从事探险,则远比第二次远航中的一千多名船员和朝臣效率高(那些朝臣离开国王和女王身边,一心只想着谋私利,或者有一段传奇经历)。第二次远航的船员都是些养尊处优的人,倘若沿途没有真刀真枪的武装冲突,倒还可以滥竽充数,但绝对不适合于去建立殖民地。而那些朝臣在宫廷里过的是纸醉金迷的日子,无法跟哥伦布这样栉风沐雨、经验丰富的探险家默契配合。

这次航行一开始,就注定是一段悲惨的经历,而之所以悲惨和不幸,主要是由哥伦布身边的随行人员造成的。这次,他身边不再是实干的桶匠、铁匠、水手长和修帆工,而是一些做派虚伪、故步自封的朝廷官员,他们的头衔千奇百怪,甚至无法翻译成现代语言。正是这些人给可怜的哥伦布制造了无穷无尽的麻烦,最终将他拉下荣誉的宝座,使得他去世时名誉扫地、情绪低落、一贫如洗。可能正是由于这种不幸的状况,哥伦布没有像第一次远航时那样留下一本妙趣横生、简单明了、诙谐幽默的权威性航海日志(那本航海日志很幸运地被保留至今),以记载这次航行。也许他太忙,穷于应付烦琐的事务,没有精力写航海日志吧。这实在是一大遗憾!无所事事的人还要写无病呻吟的日记,可是,亲身经历了一次伟大事件的人,却没有将伟大事件记载下来,这无疑是人类历史的悲哀。不过,哥伦布的船上有一个从塞维利亚来的名叫昌卡的医生,此人倒是做了笔记,也许是想让这次航行留名青史吧。还有一种可能性:他的笔记被送回了国,而哥伦布即便写了日记,没有送回国,也就没有保留下来。反正昌卡医生的笔记如今成了我们了解那次远航的主要依据。在这基础上,以后还有补充的材料,但所有的资料加起来,从研究历史的角度看,恐怕也不如哥伦布的亲笔简单叙述好(如果他的笔记能保留下来的话)。

1493年9月25日,这支庞大的舰队从加的斯港起航,此时离去年那支小船队从帕洛斯港出发开始第一次远航也才过去了十三个月。他们跟头一次一样,也在大加那利岛稍作休整,所不同的是,这次的船只状况良好,而且船员中听不到怨言。这次由于是轻车熟路,穿越大西洋的航程大大缩短。11月3日,"万圣节刚过的第一个星期日,天刚破晓,一个领航员大声喊叫了起来,向船长报告说发现了陆地。这一振奋人心的消息让所有的人都高兴得欢呼雀跃。这也是自然而然的事情,因为大家早已被艰苦的生活以及发馊的饮用水折磨得疲惫不堪,谁不渴望见到陆地"(昌卡医生语)。

读者看得出,这是精疲力竭的未出过海的人所发出的欢呼声,也可以说是疲惫不堪的文人所发出的欢呼声——他们以为航程已经结束（虽然这段航程很短），于是感到欢欣鼓舞。一些领航员认为此时舰队距离费洛岛有 800 里格的路，有些则认为有 780 里格。天大亮时，两座岛屿进入了他们的视线——第一座岛屿群山起伏，由于是在星期日发现，于是被命名为"多米尼克岛"，此名沿用至今；另一座是玛丽·加朗特岛，比较平坦，但根据昌卡医生的描述，跟前一座岛一样林木葱郁（这座岛取的是哥伦布指挥的那艘船的名称）。在这一天里，他们总共发现了六座岛屿。

哥伦布在多米尼克岛没有看到适合停泊的海港，于是命令舰队在玛丽·加朗特岛靠岸，以国王和女王的名义将其占领。根据昌卡医生的记载，参加这次远航的人们发现岛上花木和水果种类繁多，令人眼花缭乱，无不啧啧赞叹。时至今日，游客踏上西印度群岛的这座岛屿，见到这亮丽的风景，也会感到由衷的喜悦。

"岛上林木茂密，美不胜收，可惜有许多树木大家见也没见过，有的结着果实，有的开着鲜花，放眼望去，郁郁葱葱。野果随处可见，种类形形色色，有的人不太明智，摘了野果品尝，结果舌头刚一碰，脸就肿得像发面馍，感到一种烧灼的疼痛，痛得他们要发疯（或者像得了狂犬病）。后来用冷敷法，他们才得以消肿。"昌卡医生说的这种野果可能是毒番石榴，食之会产生类似的症状。

他们见这座岛上无人居住，于是又去了另一座岛——由于该岛有点像西班牙的瓜德罗普地区，便将其命名为"瓜德罗普岛"。后来，他们走到了一座高山跟前，但见那山高得直插云霄。山上有一

　　　　　　　　　　哥伦布传

道美丽的瀑布,泛着白色的泡沫,从远处看,有些船员还以为那不是瀑布,而是白颜色的岩石呢。哥伦布派了一艘轻型帆船沿岸搜索,想找到海港,结果发现了一些房屋。帆船的船长上岸,看见房子里有人,但那些人一见他撒腿就跑。他进屋发现里面的东西原封不动地留在那儿,其中有许多是棉线(有些已纺好,有些还没有纺),另外还有其他的物品,他每样拿走了一点。他还看见了两只鹦鹉,个头比他以前见过的大,品种也不一样。他还拿走了四五根人的腿骨以及胳膊的骨头——正是这一发现使得西班牙人认为这是一座由加勒比人居住的岛屿,而加勒比人就是他们在第一次远航中所听到过的食人族。

舰队继续沿海岸向前航行,途中经过了几个小村子,那里的人一看见他们的船帆就逃得不见了影子。哥伦布决定派人上岸了解情况,于是次日上午就有一队人马上了岸。晚饭时分,侦察小分队的几名队员带回来一个十四岁的土著少年,少年说他是被抓来的,是这儿岛民的俘虏。小分队的其他成员兵分几路,有一路抓住一个小男孩,把他带上了船,还有一路带回来几个女人,当中有的是当地的居民,有的是俘虏(俘虏是自愿跟着来的)。迪亚哥·马奎斯船长带了几个船员离开队伍后就没有了音讯。四天后,他带着部下出现在了海岸上,成功归队。大家还以为他们已遭到加勒比人的屠戮,被吃掉了呢。因为他们当中有领航员,会根据北极星辨别方向,是不可能迷路的。

舰队抵达这座岛屿的第一天,就有许多男人和女人来到岸边,

"好奇地望着我们的船只，因为他们从未见过这样的庞然大物。当我们的船靠岸跟他们搭话，船员们嘴里说着'泰诺，泰诺'（意思是'食物'）时，他们便觉得自己遇到了危险，拔腿就跑。所以，只有两个男性岛民被带了过来（不知他们是被抓来的，还是自愿过来的）。至于女性俘虏，则有二十多名，另外还有一些女子是自愿来的，她们出生在别的岛屿，被人悄悄抓走，强行带到了这里。有几个被俘虏来的男孩也来到了我们的舰队。算上那个侥幸归队的船长所耽搁的时间，舰队在这个海港共停留了八天"（昌卡医生语）。

他们在海岸上发现了大量的人骨，还看见岛民的住房周围挂着许多人的头颅，看上去就像盆盆罐罐。岛上几乎看不见男子——女俘虏们说这是因为男人们划着十只独木舟到别的岛屿抢东西和绑架人走丢了。据昌卡医生叙述，"这里的人住的是茅草屋，但看上去比别的岛上的居民更显得有礼貌一些。那些房屋虽然用茅草搭建，然而很精致，里面的东西也比较丰富，有男人们做的家具，也有出自女人之手的东西。屋里不仅有大量已经纺好或待纺的棉线，还有许多棉线织品，其精美程度毫不逊色于我们国内的织品"。

昌卡医生记载道："船员们问那些从别的岛抓来的女俘虏这座岛屿上住的都有些什么人，她们回答说是加勒比人。当听说我们憎恶人吃人的恶习时，她们面露喜色。不过，即便她们和抓她们的旧日的主人都成了我们的俘虏，她们还是对那些主人心怀恐惧。

"这些加勒比人有礼貌，相对而言文明程度较高，但风俗习惯兽性十足。"至于最后一点，我们不难跟他们达成共识。

哥伦布传

这些加勒比人居住在三座岛屿上,彼此之间和睦相处,但经常划着独木舟对别的邻近岛屿发动袭击。他们在战斗时使用弓箭,只不过箭头不是铁制的,而是龟甲,还有锋利的齿状鱼骨。这种武器对手无寸铁的人具有很大的杀伤力,"但在我们国家的人看来没有什么可怕的"(昌卡医生语)。

这些加勒比人四处抢劫,抓到男的就杀死、吃掉,抓到女的就将其当作奴隶,残忍得简直令人无法置信。舰队在这座岛屿停留期间,有三个被俘虏的男孩逃了出来向船员们求救。

话说迪亚哥·马奎斯船长失踪后,舰队曾两次派人前去寻找。就在第二支搜寻小分队无功而返的当天,他和他的部下却自己回来了,还带回来几个俘虏,有男孩,也有女人。大家高兴极了,热烈地欢迎他们。"迪亚哥·马奎斯船长及其船员回来时,简直狼狈极了,样子惨不忍睹。当被问起他们是怎么迷路的,他们回答说林子里的树太密,密得看不见天空,船员只好爬到树上去看星星(北极星),然而却怎么也看不见。"(昌卡医生语)

历史学家彼得·马特曾描述过舰队在这座岛屿时的情况,说船员们劝说那些跑来避难的女俘虏,让她们把加勒比人引到海边来。"可是,加勒比人见到船员们,便惊恐万状,也可能为自己犯下的罪恶感到心虚吧,反正他们面面相觑,突然聚合在一处,随后作鸟兽散,逃进了密林深处。船员们连一个吃人的加勒比人也没有抓到,只好回到了舰队,将岸边印第安人的独木舟销毁掉。"

舰队于 11 月 10 日离开了瓜德罗普岛,中途经过了几座岛屿,都没有停留,一路直奔哥伦布第一次远航中在伊斯帕尼奥拉岛建立的纳维达德殖民地。虽说他们星夜兼程,但在圣马丁岛还是有所耽搁。哥伦布见岛上住的有人,便派船员上岸打听那是些什么人,顺便再问问路(后来他发现自己的计算十分精确,完全没必要问路)。船员们抓了几个俘虏,返回舰队的途中发现有一只独木舟划了过来,上面坐着四个男子、两个女人以及一个男孩。那几个土著人看见舰队的大船,不由惊呆了,不知道那是什么怪物。此时,他们离舰队有两链①远,没留意抓俘虏的小船在悄悄靠近他们。等到醒过神来,小船已经近在咫尺了。他们试图逃跑,但小船紧追不舍,使得他们想逃也逃不掉了。"那几个加勒比人见无路可逃,便勇敢地拿起了弓箭,女人也是如此。我说他们勇敢是因为他们只有四个男子和两个女人,而船员的人数则超过了25个。结果,他们射伤了两名船员,一个胸口上中了两箭,另一个是肋部中了一箭。要不是船员们用盾牌和石板遮护,要不是小船追上去将独木舟撞翻,恐怕大多数人都会被他们的弓箭射中。独木舟被撞翻后,他们或游泳,或踩在沙地上(近岸处有些地方的水是很浅的)。尽管如此,他们仍张弓搭箭进行抵抗,让意欲抓获他们的船员费了不少气力。经过搏斗,船员们将他们当中的一个用长矛刺成重伤才抓获,其余的都逃走了。那个受重伤的土著人被带回舰队后就死了。"(彼得·马特语)

关于这场战斗,另外还有一个版本,声称那只独木舟由其中的

---

① 1链代表1海里。

一个女人指挥(此人似乎是个女王),而她的儿子"面相凶狠、健壮如牛,长着一张雄狮一样的脸,紧紧跟随着她"。根据这个版本,女王的儿子就是那个受了重伤,后来死去的人。

加勒比人也留长发,但跟别的印第安人的长发有所不同——加勒比人的发式简单;而别的印第安人习惯于将头发编成无数辫子,花样繁多,还喜欢根据各自的爱好用尖利的棍子在身上刺出十字图案以及其他各种各样的图案。无论是加勒比印第安人,还是别的印第安人,除非是个例,都没有胡子。被抓到船上的那几个加勒比人把眼圈和眉毛涂成了黑色,看上去像是一种装饰,让他们显得更凶狠一些。正是从这几个加勒比人的口中,船员们得知一座名叫凯雷的岛屿上有许多黄金。

舰队当天就离开了圣马丁岛,途中路过圣克鲁兹岛①。次日(11月15日)发现了许多岛屿,哥伦布将其命名为圣乌尔苏拉岛以及一万一千名处女群岛②。这些岛屿似乎"金属资源很丰富",然而舰队却没有停留,而是在一座名叫布兰奎恩的岛上待了两天。哥伦

---

① 加勒比海中的小岛,面积仅有2英亩。

② 即现在的维尔京群岛。这个名称来自圣乌尔苏拉与她的11000名处女侍婢由英格兰出发前往科隆朝圣途中,被匈奴人杀害的传说。根据教堂石碑的记载,圣女乌尔苏拉是4世纪不列颠国王的女儿,一位笃信基督教的公主,却被许配给阿莫瑞卡(现法国的一部分)一位异教徒柯南·麦瑞多克(Conan Meriadoc)。虔诚的乌尔苏拉公主开出了结婚的条件:婚期延后三年,以达成她前去罗马朝圣的愿望。朝圣归来途中,她和11000名处女侍婢被匈奴王阿提拉俘获。阿提拉欲霸占乌尔苏拉公主,遭到反抗,最终乌尔苏拉公主及11000位贞女一同遭到杀害。

布把这座岛命名为"施洗者圣约翰①岛",即现在的波多黎各。当时他没有能够跟岛上的居民沟通,因为船员们对加勒比人怕得要命,全都跑得不见了踪影。那些岛屿对哥伦布而言是全新的,"简直美不胜收,处处景色迷人,而施洗者圣约翰岛又是其中的佼佼者"。

次日,11月22日,船员们登上了他们朝思暮想的伊斯帕尼奥拉岛。有些船员是参加过第一次远航的,但即便是这些人对他们登陆的地区也不熟悉,只是从印第安女俘虏口中了解到了些许情况。

他们登陆的地方叫海地,该岛的另两个区域分别是撒马纳和波希奥。昌卡医生叙述说:"这是一个非常特别的地区,遍布大江大河,到处可见连绵起伏的群山和辽阔的谷地。这里的草木恐怕一年四季都不会干枯,因为我觉得无论是该岛还是别的岛压根儿就没有冬天——即便在圣诞节,也能见到许多鸟巢,里面有鸟儿,也有鸟蛋。"岛上只有一种四条腿的动物,昌卡医生将其称为"五色狗"。还有一种会爬树、样子像小兔子的动物,许多人吃过都说味道很好。岛上的蛇很多,蜥蜴却很少,因为印第安人特别喜欢吃蜥蜴,把它们差不多都吃光了。"他们吃蜥蜴大餐,就像我们吃野鸡一样。"(昌卡医生语)

"这座岛上以及别的岛上都有鸟,多得无以计数,一些是我们国家有的,许多却见也没见过。家禽这儿少见,只在祖鲁奎亚见过家

① 布道者约翰奉上帝之命,将为耶稣施以洗礼,当他舀起约旦河的圣水为耶稣洗礼时,天空突然豁然开朗,有一鸽子形状的圣灵显现在被启开的天空中。从此约翰紧随耶稣布道,得名"施洗者圣约翰"。

养的鸭子,大多雪白雪白,也有黑颜色的。"(昌卡医生语)

舰队沿着这座岛的海岸航行,一连航行了好几天,直奔哥伦布以前所建立的殖民地。在经过撒马纳区域时,他们派第一次远航时掳来的一个印第安人上了岸。"哥伦布给了他一些小礼品,让他散发给岸上的居民。"(昌卡医生语)另有记载补充说:第一次远航时掳来了十个印第安人,七个死于水土不服,剩下的三个哥伦布这次带了来,其中有两个夜间跳水游上了岸。"哥伦布对此并不担心——他希望能找到以前留下的那批人马,觉得他们当中肯定有人能胜任翻译的工作。"最后只剩下了一个对西班牙人忠心耿耿的印第安人,哥伦布给他起名叫"迪亚哥·科隆",用的是他弟弟的名字。

就在这个印第安俘虏上岸的那天,派出的小船与加勒比人的独木舟发生冲突,导致一名比斯开省来的船员受重伤死亡。舰队派人上岸为他举行葬礼时,"突然来了一群印第安人,有的还戴着金项圈和金耳环。他们想跟着举行葬礼的船员一起到大船上去,但船员们没有得到哥伦布的允许,不敢带他们去。后来,这些印第安人派了两名代表划着独木舟来到一艘帆船上,受到船员们热情接待,并被送去见海军上将哥伦布。那两名代表通过翻译说他们是奉国王的旨意来了解一下我们是哪方来客。他们邀请我们上岸,说他们有许多黄金,想赠送给我们,还说要给我们提供食物。海军上将命令部下拿来一些丝绸衬衫、帽子以及其他的小礼品送给他们,说舰队要到瓜卡纳加利去,不能在此停留,以后有时间再去见国王。印第安代表听后就走了"（昌卡医生语）。

舰队途中在一个名叫"蒙特克里斯蒂"的海港停留了两天，考察其是不是适合建城镇，因为哥伦布对第一次远航建立的殖民地很不满意，想换个地方。蒙特克里斯蒂港附近有一条大河（圣地亚哥河），水质非常好。但如今这一带成了水淹地，非常不适合住人。

"舰队一边继续向前航行，一边考察河流及陆地。在河畔的一处地方，船员们发现了两具尸体，一具脖子上套着绳索，另一具脚上绑着绳子。这是第一天的发现。第二天，他们在远处又发现了两具尸体，其中的一具可以看得出脸上有许多胡子。一些船员认为情况不妙，因为正如我以前所说，印第安人是没有胡子的。"（昌卡医生语）

这个海港距离第一次远航中建立的西班牙定居点并不远，所以船员们担忧是有根据的。接着，舰队继续向那个定居点进发，于12月27日到达了纳维达德港对面的一个地方。他们一步步接近纳维达德港时，五六个印第安人划着独木舟迎了上来。但舰队没等他们到跟前就驶走了，于是那几个印第安人又回到了岸上。舰队抵达纳维达德港外时，夜已经很深了，没敢贸然进港。根据昌卡医生的记载，"海军上将下令开了两炮，看留在定居点的那几个基督徒是否有反应（哥伦布在第一次远航中把那几个人托付给了友好的瓜卡纳加利酋长），因为那些基督徒手中是有炮的。但对方没有反应——既没有开炮，定居点的房屋也没有灯火，这叫船员们极为沮丧。遇到这种情况，他们心存疑虑也是很自然的。当时的气氛十分凄凉。又过了四五个小时,他们昨天傍晚见过的那只独木舟划了过来。舟上的几个印第安人要求见海军上将以及参加过第一次远航的一艘船的船长。他们被带到了海军上将那艘船的跟前,但他们非得见到海军上将本人,和他说上话之后才肯上船。他们要求船员们点亮灯,一认出海军上将,便立刻上了船。他们是瓜卡纳加利酋长派来的,其中一个是酋长的表弟。他们带来了两个黄金面具,一个送给海军上将,另一个送给第一次远航中他们见过的那个船长(即维森特·亚尼兹·平宗)。这种面具在印第安人当中有着很高的价值,据说是被当作偶像崇拜的,寄寓着他们崇高的敬意。这几个印第安人在船上和海军上将谈话谈了三个小时,显然很高兴再次见到他。当问起纳维达德定居点那些殖民者的情况时,他们回答说那些人情况很好,但其中的几个得病死了,还有几个死于内讧。他们说他们的酋长瓜卡纳加利遭到了另两位酋长的袭击,一个叫曹那波,一个叫梅兰尼。那两个酋长放火烧了他们的村子,打伤了瓜卡纳加利酋长的腿,所以他不能在当天夜里亲自来迎接西班牙的客人。不过,那几个印第安人离开时答应次日一定和酋长一起来看望客人们。于是,船上的人们就安下心来等待瓜卡纳加利酋长的来访"。

可是,第二天的情况有些不确定。昨天夜里的那拨人没来,瓜卡纳加利酋长也没露面。船员们觉得可能是那几个印第安人来访时多喝了几杯,返回途中翻了舟,因为那只独木舟毕竟太小了。

等待酋长之际,哥伦布派了几名船员到纳维达德定居点去,结果发现要塞连同栅栏均被烧毁,成了废墟。殖民者的衣物被印第安人洗劫一空,而那些印第安人见到船员们,不由面露愧色,起初不敢到他们跟前来。

哥伦布曾告诉这些船员,说上次他航行至此,当地人很热情,纷纷划着独木舟来访。船员们一比较,觉得情况很不对头。不过,他们还是试图跟那些印第安人交朋友,把铃铛、珠子以及其他的礼物抛给他们。最后,终于见酋长的一位亲属带着三个人来到了他们的小船上,随即被带到了舰队。

这几个人坦率地承认那几个殖民者都死了。这些情况印第安翻译昨夜告诉过船员们,但他们当时不相信。这几位来访人说是卡诺阿波阿①的酋长和梅兰尼酋长杀了他们,并将村子付之一炬。

这拨人跟昨夜的那几个一样,说瓜卡纳加利酋长腿上受了伤,也答应说一定把酋长请来。船员们给了他们一些礼品,之后他们也不见了踪影。

次日一大早,哥伦布亲自率领一队人马上了岸,其中就有昌卡医生。

对于当时的情况,昌卡医生记载道:"我们到了定居点,发现它已被夷为平地,草地上还发现了死者的衣服。但当时我们没有看到一具尸体。大家议论纷纷,各执一词,有的怀疑瓜卡纳加利酋长两面三刀,导致了殖民者们的死亡,也有的说情况似乎并非如此,因为他自己的村子也遭到了焚毁。反正当时的情况十分令人生疑。"

---

① 作者注:"卡诺阿波阿"在当地语言中的意思是"黄金国"。

哥伦布下令彻底搜查定居点以寻找黄金,因为他上次离开这儿回国时曾吩咐过殖民者们,要他们一旦找到黄金,就将其埋在定居点。他留下一部分人寻找黄金,自己则带着其余的人四处勘察,想找一个合适的地方建立新的定居点。他们来到一个只有七八间房屋的小村子,村民们一见他们就跑光了。他们发现那些房屋里有许多东西都是殖民者的,其中有袜子和布片,还有一个非常漂亮的斗篷(那斗篷是从卡斯蒂利亚带来的,还未用过)。他们觉得这些东西不可能是通过交换的方式得来的。此外,他们还发现了一只铁锚,那是一只他们第一次远航中靠岸船只丢失的铁锚。

待他们返回纳维达德定居点时,发现那儿挤满了印第安人,都是跑来用黄金交换东西的。这些人带船员们去了那十一位罹难西班牙殖民者的青冢,只见那儿早已被荒草掩没。他们众口一词,都说是曹那波和梅兰尼杀害了那些殖民者。可是,在解释殖民者的死因时,他们又抱怨说那些殖民者抢走了三名印第安女子(有的说是四名),听上去就好像岛民们的群情激愤跟殖民者之死有一定的联系。

次日,哥伦布派了一艘船去寻找适合建立城镇的地方,他自己则去另一个方向寻找。他发现了一个良港,觉得是一个定居的好地方,返回时,遇见了自己派出去的那艘船。话说派出去的那艘船在沿岸行驶时,一只独木舟靠了过来,上面有两个印第安人,其中一个是瓜卡纳加利酋长的弟弟,他请求船员们上岸去见见酋长。于是,船员们就上了岸,发现酋长躺在床上。酋长让他们看了自己腿上的绷带,表示他受了伤。从外表看,船员们觉得他说的是实话。

酋长借助手势告诉船员们:鉴于他受了伤,动不了,他想请哥伦布来见见他。船员们离开时,他赠给每个人一件黄金首饰,声称这是他们应该得到的礼品。根据昌卡医生的记载,"这种首饰是用非常精致的金片做成的,很像欧洲的那种黄金叶片——他们用这种金片制作面具,然后戴在涂了颜料的脸上。他们还把这种首饰戴在头上、耳朵上和鼻子上,因而把它们砸得十分薄——他们所看重的是黄金的装饰效果,而非黄金的价值"。

哥伦布听了船员们的汇报,决定第二天去看望酋长。次日一大早,酋长的弟弟跑来催他尽快动身。哥伦布上岸时前呼后拥,船员们一个个穿得都很体面,就像是要去一个大都市一般,还随身带去了一批礼品作为对酋长赠送黄金的回报。

"我们到酋长家时,发现他躺在床上(那床用棉线织成,就像一张网)——按照他们的习俗,他的床吊在空中。他没有从床上站起来,却以极为体面的方式对我们鞠躬表示敬意。他满怀深情,眼里饱含着热泪讲到了那几个殖民者死亡的事件,说他们有几个是病死的,有几个是去曹那波那儿找金矿,结果遇害,还有几个是被当地人杀死的。"(昌卡医生语)

酋长送给了哥伦布一些黄金和宝石。有一份文献记载说那批礼品包括八百颗宝石(当地人称"西巴")、一百颗金珠、一顶黄金王冠和三个装满了砂金的小葫芦。哥伦布也向他献上了一份礼物。

"我和一位海军外科医生当时也在场。哥伦布说我们俩会疗

哥伦布传

伤,问酋长能不能让我们看看他的伤口。酋长回答说他很愿意这样做。我提出最好到屋外查看伤情,因为屋里人多,光线太暗,看不清楚。他立刻照办了,我觉得他多半是因为胆怯,而非心甘情愿。那位外科医生走上前,动手解他腿上的绷带。这时他才对哥伦布解释说他的腿是石头砸伤的。绷带解开后,我们检查了他的伤口,结果发现他虽然装出一副非常疼痛的样子,其实他的伤腿跟另一条腿并没有什么差别。"(昌卡医生语)

哥伦布一行真不知该相信什么。但有一点似乎是事实:的确有敌人袭击过这些印第安人。哥伦布决定继续和他们保持友好的关系,对瓜卡纳加利酋长的态度也一如既往。究竟酋长做过多大的努力以防止屠杀殖民者事件的发生成了一个不解之谜。哥伦布他们一直未能从当地人口中打听出个所以然来。也许是因为那些西班牙殖民者过于残暴,有过奸淫行为,而他们之间又发生了内讧,惹得印第安人怒不可遏,对他们进行报复,将他们全都消灭了吧。

第九章

哥伦布带着一支庞大的舰队出发时曾满怀希望,打算到纳维达德定居点去,把殖民者们一年中收集到的黄金装满几艘船,然后送回国去。其实在 1501 年洗金业已经很发达,殖民地一年就能洗出 1200 磅黄金。舰队制定过精密的计划,准备开展地理发现和建立殖民地,但一开始就受到寻找黄金的影响,使得所有的计划都成了泡影。在这种情况下,几乎可以确定:送回西班牙国内的只能是坏消息。不过,哥伦布并不气馁,而是继续前行,一方面建立新的殖民地,一方面寻找黄金。

他派出了人马上岸探险，一是想跟土著人搞好关系，二是想寻找金矿以洗金和采金。第一批派出 300 人，由梅尔希奥·梅尔多纳多率领。他们走到河口的一个良港，看到一幢漂亮的房屋，认定那是瓜卡纳加利酋长的家。这时有一百多个手持武器的印第安人迎了上来，见他们是为了和平而来，便放下了武器，并送给他们礼物表示善意。

酋长的家是幢圆形房屋，房顶呈半球形（也可能是圆形），直径 32 步，被柳条墙隔成若干房间，周围环绕着一些比较小的房屋，里面住的是比酋长地位低的人。当地人告诉船员们酋长不在这儿住，而是隐居在山里。

听了这支探险队的汇报，哥伦布又派出了两支小分队前往不同的方向去了解情况，每支队伍 100 人，分别由奥赫达以及科韦兰率领。这两位领队回来报告说当地人掌握着洗金技术，操作流程跟现今矿区的如出一辙。当地人先挖一条深沟，然后把含金的沙子倒进沟里，接着就用平底筛筛沙子，晃动着将沙子和金粒分离开。他们用左手将含金的沙子放在筛子上，用右手晃动筛子，动作十分熟练，用不了几分钟就分离出了金粒赠送给探险队员们，令队员们非常感激。奥赫达还给哥伦布带回来一个金块，重九盎司。

探险队还带回来了他们以前听说过的曹那波酋长的消息。有的说此人是叫曹尼波①，后来被抓，被当作俘虏（或人质）送往西班

① 作者注：这个名字在拼写方式上有异。

牙,但死在了途中。

听了梅尔多纳多和奥赫达振奋人心的汇报,哥伦布认为可以派船把消息送回国了,只不过到手的黄金却少之又少。此外,他还要求国内为殖民地送来新鲜的食物——他虽然声称此处物产丰饶,可是身为领头人,却发现训练部下吃他们不习惯的当地食物存在着重重困难。派船回国时,他还将抓来的加勒比人送回了西班牙,请求王室训练他们,使他们皈依基督教以及学习西班牙语,因为他觉得自己迫切需要一批翻译人员。回国的船只于 2 月 2 日起航,送回去的报告总体而言收到了很好的反馈。

哥伦布为新城选址时选了一处高地,位于蒙特克里斯蒂①以东10 里格处。最初,他将这块殖民地命名为玛莎,后来的历史学家称其为伊莎贝拉。

殖民者们很满意这儿的热带气候以及肥沃的土壤。即便安达卢西亚②也是不可能具备这些条件的。他们种下豌豆、豆角、莴苣、白菜以及其他蔬菜,声称它们在这儿八天的长势比国内 20 天的长势都要好。种下蔬菜,16 天就可以吃到口,甜瓜、南瓜以及类似的瓜果则需要 30 天才成熟。

他们种下甘蔗的根或茎,半个月就能长一肘③高。2 月初种麦子,4 月初便能收获,所以一年至少可以有两季收成。

---

① 现为多米尼加共和国的一个罗马天主教教区。
② 西班牙的一个极为富饶的地区。
③ 1 肘等于 18 英寸。

但其实,土壤肥沃是该地唯一的优势。若论气候,会叫殖民者们精神委顿,身体多病。建设新城的工作十分艰苦,进展令人失望。哥伦布发现这些殖民者很不称职,或者说一点也不称职。来自宫廷的绅士们不愿意干活,牧师们则希望能吃得比别人好一些。哥伦布虽然已威信大减,却仍坚持一碗水端平的原则,公平地分配从国内运来的食物。过了没多久,事实便证明选择此处为殖民地是一大不幸。疾病流传开来,哥伦布也未能幸免。就在他生病期间,一场叛乱爆发了,他不得不采用强硬手段才镇压了下去。

　　舰队的审计员博纳尔·迪亚兹和试金员费尔敏·西多密谋策划,打算夺船回欧洲去。有人把叛乱的消息报告给了哥伦布。哥伦布发现迪亚兹写了一份备忘录,指控他犯有严重罪行。他将迪亚兹禁闭在一艘船上,连同那份备忘录一起送回了西班牙,同时惩罚了所有参加叛乱的船员。之后,他把剩下的四艘船上的枪炮以及军需品都交给了一个他完全信任的部属掌管。

　　根据各个探险小分队的报告,哥伦布把这座岛屿分为四个地区,并为之命名——最西端的地区叫朱纳,最东边的叫阿提布涅,北边的叫扎琛,而南边的叫乃巴。哥伦布见修建城镇的工作开端良好,便于 3 月率领一支 500 人的探险队对整座岛屿进行勘察。

　　勘察途中,一个土著人拿来一块重一盎司的含金石从他们手中换了一个小铃铛,并不由面露喜色。看见探险队员们惊讶的表情,他感到很意外,于是又拿出一块石榴一般大小的含金石,说他家还有如此大小的金块。别的印第安人也纷纷拿来含金石换东西,许多重量都超过了一盎司,有的还说家里有婴儿脑袋那么大的黄金(他们只是这样说,探险队员们并未看见)。

出发前,哥伦布觉得最好多带些人,这样就可以深入山区。他让他的弟弟迪亚哥督管新城的建设,然后集中舰队的精锐,组成了一支500人的小型军队,离开了疾病流行的沿海地区,朝着内陆挺进。纯朴的土著人哪见过这样的阵势,又是骑兵又是盔甲鲜明的武士,一个个不由得惊愕万状。这支队伍沐浴着明媚的春光在这个国家耀武扬威地走了几天,最后进入了他们久久寻找的锡瓦奥谷地①。哥伦布放弃了在此建立城市的想法,不过却修建了一座要塞,取名叫圣托马斯,以此嘲笑西多以及其他硬说此地没有黄金的人。修建这座有着令人骄傲名称的要塞期间,他派了一个名叫卢克森的骑兵继续前去探险。

卢克森虽然没有带回来黄金(因为他此行的任务不是找黄金),却带回来一个消息(此消息比他们以前听到的任何消息都重要)——他见到了果实累累的葡萄树。最终,探险队发现了一个叫西潘基②的地方——这一名称让哥伦布想起了"西潘古"(即日本)这个词。带着这些振奋人心的消息,他返回正在修建的新城,把他的弟弟和佩德罗·马哥利塔任命为这座城市的正副总督,然后率领三艘船前去古巴探索(第一次远航中他仅仅去过古巴的部分地区)。他认为那儿就是亚洲大陆。如前所说,这不仅是他至死都未

---

① 现今多米尼加共和国北部的低地。
② 在印第安语中,"西潘基"的意思是"宝石"。

改变的想法，也是西班牙国人的想法。后来的许多年中，世人都认为古巴是大陆，而非岛屿。这下子，哥伦布又可以从事他所喜欢的探险事业了，他觉得这才最适合于自己。管理殖民地，或者统治殖民地总叫他感到很不自在。一旦踏上探险的旅途，他就有一种幸福感，觉得心满意足。他一直很想探索古巴的南海岸，因为第一次远航他只去了北海岸。现在他终于如愿以偿了。他将殖民地的工作托付给他弟弟以及马哥利塔，又指派四个人成立了一个委员会协助管理，随即便于 4 月 24 日扬帆起航前去探索新的海岸了。

他一路西行，但很快就改变了航线——他远远看见了牙买加，于是便想先到那里看一看。当时的文献记载："哥伦布发现那座岛屿比西西里岛①还要大，上面只有一道山脉，环绕于四面海岸，渐渐向岛屿的中心地带延伸，坡度极缓，无论是上山还是下山都让人感觉不到。"他发现岛上人口稠密，这里的人比他以前见过的任何一个地方的印第安人都聪明，技能都要高。不过，当他提出想登陆时，便看到那些土著人普遍有武装抵抗的意图，于是只好作罢，准备返航时再彻底勘察这座岛屿。随即，借着顺风，他又继续向前航行，去探索古巴的南海岸。他坚持认为牙买加就是东方"金色的车索尼苏斯②"，而旧时的地理学家曾用此名命名过现在的马六甲半岛。

穿过牙买加和古巴之间狭窄的海峡，他一路向西，沿着古巴的

---

① 西西里岛位于意大利南部，面积 2.57 万平方千米，是地中海最大的岛屿。
② 古希腊地理学家托勒密（约 90 年—168 年）的著述中提到过"车索尼苏斯"（Chersonesus），指的是现今印度的塔那地区。

海岸航行。如果读者看看地图,就会发现古巴以南有许多暗礁和小岛,需要细细勘察,这便大大耽搁了他的行程。每到一处,他就要检查一番,以确保自己没有偏离大陆的海岸线(他一直坚信他所看到的就是亚洲大陆)。有一份文献略微有些夸张地认为,他此行共发现了 700 座岛屿。据他自己估计,这一趟探索之旅,他向西航行了222 里格。

5 月份以及 6 月初的几天都用于探索古巴的南海岸了。这儿的土著人跟哥伦布两年前在北海岸看到的古巴人一样,都非常友好。他们一般都听说过西班牙人来的传闻,但真正看到了船员们,还是掩饰不住内心的惊讶和赞叹。

船员们一直希望能到中国皇帝的宫廷里看一看,而一个事件的发生使他们觉得这一愿望就要实现。一天,一个船员独自到树林里打猎,突然看到了(或者说他以为自己看到了)一个身穿白衣服的人,便觉得那是奉圣母玛利亚之命四处化缘的修道士。可是,紧接着又有 10 个修道士出现了,也是同样的着装,随即又出现了 30 个。船员看见一下子出现了这么多人,简直吓坏了(实在没名堂——修道士毕竟是和平人士,或者说应该是和平人士,数量多一点也不该感到害怕呀),于是撒腿就跑,冲着同伴们大喊大叫,让他们赶快逃命。而那些白衣人则冲着他又喊叫又招手,仿佛是想告诉他不会有危险的。然而他却不敢相信那些人,飞快地奔到岸边,回到了船上,将自己看到的情况报告给了哥伦布。

根据这种情况,大家满怀希望,觉得他们终于遇见了一队来亚

哥伦布传

洲传教的基督教修士。哥伦布立刻派出一个小分队上岸,命令他们深入内陆 40 英里,看能不能找到什么人。可是,尽管当地非常富饶,这支小分队却没有发现人的足迹,既没有看到小道也没有看见大路。另一支派出去的小分队带回来许多葡萄以及一些别的当地水果。遗憾的是,两支队伍都没有看到所谓的"奉圣母玛利亚之命四处化缘的修道士"。现在看来,那个船员所见的有可能只是一群白鹤罢了。旅行家洪堡①有过这样的描述:一天,安哥斯杜拉小镇的人被一群突然出现的样子像"武士"的白鹤吓坏了,他们以为那是一群印第安人。

航行途中,哥伦布跟岸上的土著人有过接触,觉得他们纯朴、好客,待人充满了善意,于是感到很欣慰。一次船员们做弥撒,来了很多土著人参加他们的仪式,和船员们一样表现出敬意和虔诚。一位老者(船员们觉得他已入耄耋之年)送给哥伦布一篮水果,通过翻译对哥伦布说:

"听说你用武力征服了这些地区,人们非常害怕你。但我要给你提出忠告:有两条道路离开人世,一条黑暗和凄惨,是为那些伤天害理的人准备的;另一条则是光明大道,充满了欢乐和幸福,是为那些热爱和平、造福于同胞的人准备的。如果你能记住自己只是个凡人,记住这些因果报应的道理,你就不会伤害别人。"

哥伦布回答说他早就知道有这么两条道路,很高兴这儿的人也

---

① 德国伟大的自然科学家和科学考察旅行家。

懂得这个道理,这是他没有料到的。他声称自己奉西班牙国王和女王之命来此处,就是要宣传这个道理,还说他肩负着特殊的使命,那就是惩罚加勒比人以及其他生性邪恶的人,奖励和尊崇所有纯洁和质朴的人。那位老者听了心花怒放,说他很愿意陪哥伦布一道去完成一项如此崇高的使命,后来由于妻子儿女的苦苦恳求,他才没有跟着去。他简直无法相信哥伦布只是一个下属,要听命于西班牙王室。

该岛风光旖旎,土著人热情好客,但这不足以成为动力使船员们继续他们的探索之旅。所有的人都坚信他们已到达了亚洲的海岸。哥伦布不愿日后落埋怨,让别人指责他过早地中止使命,于是宣布完成了航程的同时起草了一份正式文件,让舰队的每个人都签名加以证实。所有的人都在上面签了名。这份文件注明:他们已抵达印度地区东端的海岬,任何愿意回西班牙的人都可以走旱路,西行返回。这份非同寻常的文件由公证员正式公证,存档至今。

该文件是在古巴西南端的一个海湾签署的。按照古巴历史学家穆尼奥斯的说法,当时只要有船员爬上桅杆远眺,目光越过地势很低的群岛,就可以看见远海,继而发现古巴只不过是座岛屿。

其实,舰队当时的状况不佳,船只漏水,船员生病,怨言四起。6月13日,哥伦布来到古巴的东南部,发现了一座岛屿,将其命名为伊万格丽斯塔岛(即松树岛)①。舰队在此停泊,从岛上取了淡水。

---

① 该岛现更名为"青年岛"。

上文提到有个古巴老者表达了自己的愿望,说想跟哥伦布一道去远航,据传在伊万格丽斯塔岛有个酋长也表达了类似的愿望,后来由于妻子儿女的阻挠也未能成行。之后不久舰队抵达牙买加,据说又出现了这样的情况。在仔细勘察了这座岛屿后,哥伦布便横渡海峡去了伊斯帕尼奥拉岛。在那儿,他从印第安人口中听到了伊莎贝拉新城的消息,知道那儿一切都很顺利。

他早就对加勒比人耿耿于怀,一心想对他们实施报复,此时他遏制不住内心的冲动,决心到他们的岛屿去。可是他心有余而力不足,因为他健康状况恶化,疲惫不堪,浑身有气无力。船上的官员以为他即将死去,于是便命令舰队转向,马不停蹄回到了伊莎贝拉城。

他意志坚定,决心不可动摇,一心要打垮那些加勒比人,叫他们再也不敢袭击无辜的岛民,因为他屡次许诺说要保护那些岛民。但是,他病倒了,至少在短时间内缺乏清醒的意识。官员们正是趁着他患病,掌握了舰队的指挥权,这才得以回到了伊莎贝拉城。抵达伊莎贝拉城时,他已半死不活,这次的探索和发现之旅也因此而告终。令他极为高兴的是,他在这儿见到了阔别八年的弟弟巴塞罗缪。巴塞罗缪曾跟随迪亚茨完成了那次闻名遐迩的航行,发现了好望角。1488 年回到欧洲后,他便去英国向亨利七世国王转达了克里斯托弗·哥伦布的口信,希望国王能对哥伦布提出的伟大探险计划感兴趣。

至于国王是如何看待哥伦布的伟大探险计划的,专家们众说纷纭,各执一词。至今在英国的档案里找不到这方面的只言片语。关于发现美洲一事,美国早期有过报道,但现今只保留下了一则短消息,说英国在卡波特①初航返回后曾奖赏了他十英镑,因为他"发现了新大陆"。巴塞罗缪·哥伦布于 1488 年 2 月 10 日抵达英国,至于待了多久就无从得知了。离开英国后,他便去了法国,一直为波旁夫人效力(所谓的波旁夫人可能就是"宝若的安娜"②,或者是路易·德·波旁元帅的遗孀)。当他的哥哥在进行伟大发现之旅的消息传来时,他还在巴黎。

后来,他接受西班牙王室的任命,率领一支由三艘船组成的船队为新殖民地运送物资。1494 年 4 月 13 日,他从加的斯起航,于同年的圣约翰节③抵达了伊莎贝拉城。

哥伦布见到他,简直喜出望外,热烈欢迎他的到来,立刻任命他为中尉,掌管殖民地的事务。当时,殖民地的确需要一个强有力的人加以控制。哥伦布去古巴之前这里就有矛盾,他走后仍风波不断。据说,佩德罗·马哥利塔和博伊尔神父是最多事的两个人——他们来的目的就是想迅速发财致富,哪有耐心看着殖民地按部就班地大兴土木。哥伦布心里很清楚,那些回西班牙的人肯定把他们对他的投诉也带了回去。在某种程度上,他倒是很想亲自回国解释情况,但又担心他走后土著人会不服从新殖民地的管理,趁机兴风作浪。

---

① 英国探险家。

② 波旁王朝的一位既有政治手腕又有野心的著名女性。

③ 圣约翰节是每年的 6 月 24 日。据《圣经》记载,约翰是最早在约旦河中为人施洗礼的人,是基督教的先行者。

作为头一步,他先派回国四艘船(这四艘船都是刚从欧洲过来的)满载着 500 名他抓来的俘虏,准备交给胡安·德·丰塞卡管理。他特别交代说希望能让这些俘虏皈依基督教,以及学会西班牙语,以后当作翻译人员使用。但同时他又指出,这种强行的移民方式可以轻而易举地增加王室的收入。据说多亏了伊莎贝拉女王主持正义,坚决反对这种做法,才没有再出现这样将俘虏运回国的现象。她或许以为这些可怜的俘虏被送回了原来的岛屿,但情况并非如此。丰塞卡毫不犹豫地把他们全都卖了,或者按现在时髦的说法是"让他们全都当学徒"去了。根据历史学家贝纳尔德斯的记载,那批俘虏最终全都死于非命了——这一辛辣的记载说明丰塞卡对待他们跟对待野兽无异。

自从抵达圣多明各,由于身体没有得到恢复,哥伦布在五个月的时间里一直未能采取积极的措施处理当地事务。他心里很清楚,那些印第安人跃跃欲试,企图把他的部下赶走,或者像对待纳维达德的殖民者那样大开杀戒。健康好转后,他把西潘基的国王瓜里奥尼西乌斯请来议事。翻译迪达克斯一直在为哥伦布忠心耿耿地效力,后来娶了国王的妹妹,哥伦布希望这桩婚姻能成为连接两个民族之间感情的纽带。

哥伦布派奥赫达率领 55 名全副武装的士兵进入蕴藏着黄金的大山里,意欲跟曹那波结盟。曹那波见到这队人马,心情很复杂,情知西班牙人对他肯定是有疑心的。据说,他曾残忍地杀害了 20 名西班牙殖民者(不过,别忘了这只是他的敌人的一面之词)。他被请去见哥伦布时，随身带去了一大群护卫人员，全都拿着武器。当被问起为什么要带这么多保镖时，他声称自己是一国之君主，不管到何处去都要武装护卫。奥赫达二话没说，立刻逮捕了他，将他五花大绑押送到了伊莎贝拉城。最终，如上文所言，他被送往西班牙，但死在了途中。

哥伦布在瓜里奥尼西乌斯国王的边界上，在他的王国与曹那波的王国之间又修建了一座新的要塞或塔楼，取名叫"集结塔"。这就是说，万一土著人起来造反，这里将是采矿者以及殖民者的集结之地。经证明，这儿日后成了采矿业的一个举足轻重的中心。就是从这里，一枚由一位酋长赠送的重20盎司的金块被送到了西班牙。除此之外，当地还发现了琥珀，有的能重300磅，顿时引起了殖民者极大的兴趣。以前，哥伦布对伊斯帕尼奥拉岛的描述曾经让西班牙的民众激动不已，而今这些发现重新点燃了他们的希望之火。

哥伦布觉得自己已经完全掌控了这座岛屿，可以放手了（他的这一看法是没有错的）。他认为：要想自证清白，澄清那些先前回国的心怀不满的西班牙人对他的无端指责，他就必须亲自回西班牙去。于是，他在3月10日乘坐"尼娜"号，由一艘在伊莎贝拉城建造的帆船护送，踏上了归途，于6月11日抵达加的斯，回到了阔别两年零九个月的西班牙。

此次归来，他又一次见证了伊莎贝拉女王那只有成功者才具有的坚毅的性格以及决心。

他第一次远航归来所引起的激情和轰动此时已归于沉寂。西

　　　　　　　　　哥伦布传

班牙进入了反省时期。以前，人们对探险有着过高的期望以及不切合实际的幻想，可是探险者归来时一个个垂头丧气，这自然会叫国民大失所望。400年来，世人已经习惯了这种现象：殖民者如潮水般乘兴而去，败兴而归，无不说新大陆的资源被夸大了。所谓"资源"均以黄金作为衡量标准。当然，从那些岛屿攫取的黄金跟探险所花费的钱相比实在是少之又少。

曾经有500名印第安俘虏被送回西班牙学习西班牙语，充当西班牙人的奴隶。不提西班牙民众的花费，单单国库为探险的支出就非常巨大，而这一点回报就显得少得可怜了。因而，西班牙人对哥伦布以及他周围的人表现出的只有不满和偏见。哥伦布讲述了古巴的情况，他们表现出的是不相信；在地理学上，哥伦布力图证明古巴是亚洲的一个地区，而他们反应冷淡，无动于衷。哥伦布坚信伊斯帕尼奥拉岛有丰富的黄金资源（事实的确如此），成色跟俄斐①的一样。可是，在经过了五年的等待和失望之后，西班牙民众已不再相信这种话了。

哥伦布来到加的斯港，发现有三艘船在"尼娜"号的带领下正准备起航，往殖民地运送物资。去年有四艘船往那儿运物资，结果遭海难全部倾覆，而现在这几艘船运送的东西是要解那儿的燃眉之急。哥伦布托他们带了封信给伊莎贝拉城的总督，请他遵照国王和女王的意愿发放这批应急物资。他还建议加快开采新矿，在附近修

---

① 根据《圣经》的记载，俄斐盛产精金。

建一个海港。就在这时,他收到了国王和女王的一封热情洋溢的信,对他的归来表示祝贺,并邀请他消除了旅途的劳乏后作速到王宫去。

这封信口吻诚恳,令他深受鼓舞。他决定表现出落魄的样子,于是穿着极其朴素的衣衫,看上去就像是方济各会的苦行僧,脸上也胡子拉碴的,一副狼狈相。也许,他这样做是对自己的嘲讽——众所周知,他在情绪低落时经常这般描画自身。

他起程前往布尔戈斯①(国王夫妇当时正在此处驻跸),沿途向民众展示这次航行中获得的奇珍异宝,一如上次前往巴塞罗那时那样大张声势。伊斯帕尼奥拉岛的曹那波国王已在航海途中丧命,但他的弟弟和侄子仍活着,这时被他带去拜谒国王夫妇,身上佩戴着各种黄金饰品,金光闪闪。据说,曹那波的弟弟戴的一条金链子,价值能超过现在的 3000 美元。哥伦布所率领的这支队伍携带着形形色色的印第安面具和雕像,样子奇特,引起了民众极大的好奇心(不管是哪个民族,对异域的偶像崇拜都会有好奇之心)。

国王夫妇热情地接见了他,只字未提以前归国的那些探险者对他的投诉。不管是否相信那些投诉,他们对哥伦布本人以及他的能力仍深信不疑,似乎不愿意听信带有偏见的指责。而哥伦布历陈进行第三次远航的重要性,以便将亚洲的东部归于西班牙的版图。此行,他提出需要八艘船,两艘留在伊斯帕尼奥拉岛,其他的六艘将去

①　西班牙北部的一个城市,建于 9 世纪,11 世纪成为卡斯蒂利亚王国的首都,1574 年升为大主教区。

哥伦布传

进行一次新的发现之旅。国王夫妇欣然同意了他的建议,很可能是想助他实现自己的梦想。

可是,西班牙忙于别的事务,没有精力去吞并亚洲(或者说是去发现美洲)——由于欧战如火如荼,外交场上风云诡谲,国王夫妇在1496年诚恳的承诺一直没有得到落实。实际上,哥伦布左等右等,差不多是在归国两年后才再次扬帆起航,开始了第三次远航。

1496年秋,王室曾下令为国王夫妇同意的第三次远航提供资金,数额相当于现在的十万美元,同时解除了和哥伦布签订的原始合同,让哥伦布感到如释重负——因为根据这份合同,他必须为这种探险活动提供1/8的经费,这会叫他不堪重负。双方达成的共识是凡是王室从探险活动中获得的收益,将会分给他1/8,为期三年。从这样的共识可以明显地看出,他仍然受到王室的宠信。根据双方的共识,三年过后,一切事务又都按原始合同执行。

这样的君子协定无疑会叫哥伦布感到欢欣鼓舞,然而却未能得到落实。由于欧战的缘故,分给他的钱款被挪用于在边境上修建要塞。换句话说,哥伦布的经费只能来自他返航时由"尼娜"号带回来的黄金。有报道说他带回来许多黄金,其实所谓的"黄金"只是一些印第安俘虏——这就是说他得靠贩卖俘虏筹集资金。实际上,可怜的哥伦布必须依赖贩奴隶才能筹集经费为第三次远航修建和装备船只,而贩奴隶是伊莎贝拉女王深恶痛绝的,他自己也知道这样的买卖无利可图。

第三次远航不得人心,这也成了一大困难。公众不像上一次一样踊跃参加,因为他们已经被洗脑——上一次,人们乘兴而去,败兴而归,他们牢骚满腹,对公众产生了负面影响。无奈,只好征用被判流放的罪犯,让他们到新的殖民地无偿地劳动。就连这样的权宜之计对于加快远航的筹备工作也没有起到多大的作用。

此次,哥伦布的老对头丰塞卡又被任命为这个项目的负责人。胡安王子的早夭令伊莎贝拉女王悲恸欲绝,无心于此事。哥伦布以及他的朋友们觉得困难重重,处处受阻。最后,在经历了掌权的官员百般刁难和阻挠之后,他们终于准备好了适合出海的六艘船,而这样的一支船队经证明未能实现哥伦布所期待的目标。

1498 年 5 月 13 日,他总算起航了。鉴于天主教会当时正在庆祝三一节①,他决定并承诺,要以这个神圣的名称命名他所发现的第一块陆地。他坚信经过他以前去过的那些岛屿再往南走就是大陆。他打算直抵那片大陆——实际上,这趟航行开始不久他便达到了这一目的。

---

① 即庆祝上帝三位一体的节日(根据基督教的教义,上帝被看作以圣父、圣子和圣灵一体表现出来的)。

第十章

第三次远航；致国王和女王的一封信；发现特立尼达岛①
和帕利亚湾；对于人间天堂的奇思怪想；抵达圣多明各；发生在
该地的反抗和骚乱；罗尔丹及其追随者；奥赫达及其探险之旅；
博瓦迪利亚的到来；哥伦布被囚禁。

关于第三次远航，我们有幸能再次看到哥伦布本人的记载。当
这次探险比较重要的一段航程结束时，他给国王和女王写了一封措
辞谨慎的信，这封信也保存了下来。信里洋溢着自始至终都在激励
着他的宗教热情，更展示出了他独特的个性。我们从信里可以看
到，而且永远也不该忘记：他既有着探险者的激情和目标，又有着澎

---

① 加勒比海岛，西班牙语是"Trinidad"，可能与拉丁语 Trinity（三位一体）意思相
同，因而实现了哥伦布起航前的承诺。

湃的宗教热情(这样的热情可以叫一个十字军战士①舍生忘死),同时高瞻远瞩,看到了所谓的商业利益(他千方百计用这种商业利益安抚和劝说那些不如他有远见的人)。

信中,他称国王和女王为"至尊而强大的君主",向他们表白:他之所以致力于对西印度群岛的探索和发现是因为受到了圣灵的启示——正是圣灵委任他为使者去完成这项使命的。他恳请国王夫妇别忘了,他一直在向他们申明自己的这项使命。

在信中,他说自己为了推进这一事业呕心沥血,付出了七八年的努力,在此他不仅要表明他的宗教热忱,还必须强调一下他的世俗观点。他以委婉的语气称赞国王夫妇,说他们做出的决定十分英明,是对那些庸俗小人的回应(其中不包括马尔凯萨牧师以及塞哥维亚的大主教)。他还写道:"世间的一切都如过眼云烟,唯有上帝的旨意永存不灭。上帝曾多次通过以赛亚②之口清楚地提到了这些大陆,断言他的圣名将会从西班牙传往那儿的民族。"接下来,他回顾了以前几次航行的作为。说了这一番开场白之后,他才叙述了1498年的这趟远航。

话说哥伦布的船队于 5 月 13 日驶离圣塔卢卡港后,便绕道去

---

① 十字军是由天主教士兵组成的军队,曾参加十字军东征,士兵都佩有十字标志,因此称为十字军。十字军东征的目的是保护朝圣者和反对吉哈德扩张,以及从伊斯兰诸国手中拯救半奴隶与奴隶。

② 《圣经》中的人物,是《以赛亚书》的作者,生活在公元前 8 世纪,以先知的身份侍奉上帝。

　　　　　　　　　　　　哥伦布传

了马德拉群岛，为的是躲开正在圣维森特角①等着截击他们的法国舰队（另一代人赫雷拉的史书则认为准备截击他们的是葡萄牙舰队）。从马德拉群岛出发，他们去了加那利群岛。在那儿，船队兵分两路，一队由一艘大船和两艘帆船组成，在哥伦布的率领下继续他们的发现之旅，而另一支包含三艘船的舰队，被派往了伊斯帕尼奥拉岛。哥伦布在抵达了佛得角群岛后，继续朝着西南方向进发，途中经历了八天的高温天气，后来由于想寻找比较凉爽的区域，便改变航向，朝着西边航行。

7月31日，他们发现了陆地——这就是世人所熟知的加莱奥塔角，即特立尼达岛的东南海角。当时的那个季节，加莱奥塔角绿意盎然，美如西班牙瓦伦西亚3月份的花园。船队又向前航行了5里格，然后靠岸修理船只，以及取木柴和淡水。次日，一只硕大的独木舟从东边划了过来，上面有24个全副武装的男子。

哥伦布想跟他们交流，企图用水盆以及其他的礼品将他们吸引过来，但那些人并不买账。他见一计不成，又生一计，让几个船员在船尾跳舞和敲手鼓。然而，这种表示良好愿望的措施仍未生效，遭到了失败。那些土著人有的张弓搭箭，有的举起手中的盾牌，开始朝着跳舞的船员射箭。哥伦布见状，便叫船员们停止了跳舞，随即命令炮手开了几炮，撵走了那只独木舟。不过，那些土著人却跟船

①　葡萄牙西南端的海角，是航海家亨利于1420年建立航海观察站和航海学校的地方。附近曾发生过多次海战。

队的另一艘船进行了比较友好的交流。可是，当那艘船的领航员征得哥伦布的同意，提出要跟那些土著人一起上岸时，那些人却走掉了，再也没露过面。

船队抵达特立尼达岛南端的蓬塔德伊卡科斯时，发现这儿的水流特别强（航海家通常对这种现象是很敏感的），波涛汹涌，一如发大水时像脱缰的野马似的瓜达尔基维尔河①。夜间，巨浪从南边冲过来，"山峰一样，跟船体一般高"（可以感受到，哥伦布在写这段话时内心充满了恐惧）。不过，并没有灾难因此发生。

次日航行途中，哥伦布发现海水里的淡水成分比较多。实际上，他的船正航行在奥里诺科河②入海的水流里（那一带海域在很大程度上都受到了这条大河的影响）。他一路向北，沿途经过了特立尼达岛的若干区域，来到了蓬塔德拉佩纳以及大陆地带。即便到了这里，他发现海水中的淡水成分仍比较多，水流也比较湍急。

随即，他继续西行，发现港湾后便派人上了岸。上岸的船员起初没遇见土著人，后来总算见到了几个——据那几个人说该国跟帕里亚③是敌对国。哥伦布将四名当地人请到了船上。随后，国王发出邀请，请他上岸。有几只独木舟来到船队传达国王的旨意，舟上的土著人有许多都戴着金首饰和珍珠（据他们说，这些珍珠来自北方）。由于船队的给养已经不足，哥伦布没有冒险登陆。

---

① 西班牙安达卢西亚自治区境内的第一长河。
② 南美洲重要河流，发源于委内瑞拉与巴西交界的帕里马山脉。
③ 位于玻利维亚，即现在的奥鲁罗。

哥伦布传

根据他的形容,这些人的肤色跟他以前所见的那些土著人基本一样,很愿意和他交流,一个个仪表堂堂。后来,有两个显赫人物上船跟他们见面,看样子是父子,亲自来请他们上岸,将他们带到了一幢大房子里,那儿设有许多座位。土著人盛情招待他们,呈上各种食物,其中有形形色色的水果和种类繁多的酒。哥伦布觉得那些酒不是葡萄酒,而是别的什么水果酿造成的。

那些食物里有一部分是玉米,"像是一种当地产的玉米,结出的果实形状似纺锤"(哥伦布语)。宾主分手时都颇感遗憾,因为他们彼此听不懂对方的语言。这场见面是在那个年长的印第安东道主家中进行的。随即,那个年轻的又把他们领到了他自己的家里,招待他们的食物跟刚才大同小异。之后,他们就回到了船上。哥伦布当时有点心急,一是因为他急着要补充给养,二是因为他的身体状况欠佳。据他自己说,上次远航中他染上的疾病仍未痊愈,还出现了眼盲,感觉眼睛非常疼痛,眼里布满血丝——这些症状在上次远航中并不严重,此时却急剧恶化。

根据他的记载,他们拜访的这些人身材矫健、举止大方,留着长长的直发,头戴方巾。远看那方巾似乎是丝绸做的,有点像西班牙人所熟悉的那种摩尔人戴的头巾。

他还记载道:"这些土著人有的腰间系着大块的方巾,颇似西班牙人家里的窗帘。"根据这样的描述,所谓的大块方巾下垂遮膝,可能是宽松裤或者裙子。这些土著人比他以前所见过的印第安人肤色要白,脖子上和胳膊上戴着饰品(脖子上的金首饰形形色色)。

他们造的独木舟比他以前见过的要大得多,做工更讲究、更轻盈,王室乘坐的独木舟中央部分还有官眷用的舱室。

哥伦布屡次向当地人打听哪里有黄金,对方告诉他要找黄金就必须往远处走。他们建议哥伦布别到那儿去,怕的是他和他的部下会被吃掉。起初,哥伦布以为他们的意思是说黄金矿区住着食人族,后来才明白他们是担心他会被野兽吃掉。关于珍珠,他也打听到了一些情况——只要继续往西航行,再往北,就可以找到珍珠。

在和土著人进行了惬意、彬彬有礼的接触之后,船队起锚向西航行。哥伦布派了一艘船去勘察那条大河,结果发现往那个方向航行是行不通的,而往北和南也无路可行,于是按原路返回,离开了那个区域。离开后,海水里的淡水成分仍很重,水流也很急,我们知道这是由于那条大河汇入海洋所造成的。

8月13日,船队经由哥伦布所说的北河口(即博卡格兰德河口)驶离了这座岛屿,回到了咸水区。

在描述这段航程时,哥伦布饶有兴趣地谈到了当地的气温,由此可以看到他是一个非常细心的人。即便在那种条件下,他仍发现了所谓的等温曲线与纬度曲线之间的差异。他注意到:用非洲海岸观察气温的方法在美洲海岸线观察,是行不通的。

他开始怀疑地球并非球体,而倾向于认为地球的形状像梨,同时还试图以此解释温差方面的现象。他的推测如今的人都知道是不可取的,是完全错误的。他在航海日志中写道:"老普林尼①等人认为地球呈球形,那是因为他们所处的地理位置是半球形。"他声称那些人对他所航行的区域一无所知,而他觉得自己所处的地理位置像是半只梨,半只切割不匀的梨。他的理论根据是:纬度相同,但西部非常热,人的皮肤是黑的,而特立尼达岛或大陆的气温很舒适,居民就漂亮一些,肤色比他在其他岛屿上见的土著人要白皙。他认为这儿的人在土著人当中地位较高,比非洲海岸线的人离天堂更近,头顶上方高悬着圣母玛利亚星座里的吉祥的太阳。

着眼于这种奇怪的观点,他引经据典,从《圣经》中寻章摘句,还参考《创世记》里的陈述,最后得出结论:人间天堂就在遥远的东方。他断言:他正处于人间与天堂的分界线上,如果继续前行,气候会更加温润,星象和海洋将会有巨大变化。他认为人间天堂位于圣山之巅,是任何人都无法抵达的——除非得到上帝的允许,否则那是一个任何人都不准进入的区域。不过,他觉得自己的这趟远航正在向那儿靠近。

读者如果对他的这种奇怪的观点感兴趣,不妨看一看但丁②的《神曲》就知道,二人的观点几乎如出一辙。但丁在《神曲》里描绘了他在比阿特丽斯的引导下进入人间天堂的情景。令人称奇的是:虽然虔诚的宗教人士一致认为人间天堂在耶路撒冷城,但近三百年

---

① 在老普林尼时代(公元 1 世纪),大多数东方学者都共认地球是球形的。
② 13 世纪末意大利诗人,欧洲文艺复兴时代的开拓人物之一,以长诗《神曲》而闻名。

来,探险家们却发现人间天堂实际上是在距离皮特凯恩岛①不远的太平洋上的一个地方——许多航海家都认为那儿有着属于人间天堂的气候和土壤。

哥伦布的观点跟但丁的也有所不同——但丁认为人间天堂在高山之巅,而哥伦布则认为人间天堂所在的圣山山势平缓,只不过任何凡人都是无法抵达山顶的。

也许哥伦布当时很悠闲,才有时间记载这样奇特的心路历程。

接下来,航海日志记载的就是比较世俗的事务了。据记载,船队驶出"龙"②之口时,他发现海水在向西流动,海风和煦,同时注意到海水西流是受到了信风的影响。因此,他认为该地区之所以有如此之多的岛屿,那是因为海水的不断流动从大陆分割出来的。他觉得那些岛屿的形状证明了他的观点:那些岛屿都是从北到南逐渐变窄,而从东到西则呈狭长状。虽然一些岛屿会有不同,但那也只是个别情况,其中有着特殊的原因。他举出了许多专家的观点加以论证,硬说地球的陆地面积大于海洋面积,这一看法我们知道是完全错误的。

关于地球构造的这种奇特的想法在激励着他,于是他写信恳请王室支持他,助他完成业已开始的神圣使命。他向王室解释说:他计划每到一处就竖起十字架,宣布该地为西班牙王室及基督教的领

---

① 该岛位于太平洋中南部、波利尼西亚群岛东南部。
② 哥伦布觉得那条大河就像一条巨龙。

地。他希望这项计划能得到实施，而唯一的困难是经费。为此，他恳请王室别忘了宫廷花费在豪华仪式上的钱要远远多于探险的支出，恳请王室认真考虑一下发现之旅所能带来的好处，并指出葡萄牙王室正在做相同的努力，以此刺激他们的雄心壮志。

在这封信的结尾处，他表达了自己的决心，说一定要率领着麾下的三艘船将这趟发现之旅进行到底。

这封信于 10 月 8 日写于圣多明各。此时，他虽然不知道自己接触到的地方就是美洲大陆，但实际上他已完成了对这个大陆的伟大发现。他计划继续南行，结果发现了一座岛屿，并按出发前的承诺将其命名为特立尼达岛（这个名称一直沿用至今）。起初，一个船员看见了三座山头，便大声喊叫发现了陆地。船队靠近时，发现三座山的山基是连在一起的。哥伦布见了欣喜若狂，觉得这一发现跟他在三一节许下的诺言不无联系。① 接着，读者可以看到，他从这座大岛和大陆之间的海湾穿了过去——那个海湾十分开阔，即众所周知的帕里亚湾。至于他说由于奥里诺科河流入大海使得海水变淡的现象，为以后所有的航海家所证实。因而可以断定，他当时的确到达了奥里诺科河的河口。

恐怕会叫年轻读者们感兴趣的是，笛福②笔下鲁滨孙·克鲁索所去的那座岛屿就在这个区域内。假如读者细心阅读鲁滨孙的经历，就会看到有关于那条汹涌的奥里诺科大河的描述。穿过帕里亚

---

① 哥伦布觉得三山一体象征着圣父、圣子和圣灵一体。
② 英国作家，被誉为欧洲的"小说之父"，其代表作是《鲁滨孙漂流记》。

湾,哥伦布来到了帕里亚海岸线,成为发现南美大陆的第一人。持谨慎态度的地理学家们认为:在此之前,听命于英国的卡波特就已经发现了北美大陆。

哥伦布发现帕里亚的土著人有的佩戴着非常漂亮的珍珠,这令他深受鼓舞,觉得这又是一大证据,证明他已身处亚洲东海岸。此时的欧洲在珍珠供应方面十分依赖亚洲,用大船小船把亚洲海岸边的珍珠源源不断地运往欧洲。他给帕里亚河河口处的海湾取名叫"珍珠湾"。

他很想多花些时间勘察这个地区,但船上的给养几乎已经耗尽,他的眼睛也因为疲劳过度而视力模糊,同时痛风使得他行走困难,于是只好作罢。打消了沿着帕里亚的海岸线继续勘察的念头之后,他一路向西,然后往西北方向航行,沿途在加勒比海又发现了许多岛屿,最终于8月13日到达了圣多明各的殖民地。经过艰难的航行,原打算在这儿好好休息一下,谁知这儿一片混乱,似乎已到了无法挽救的地步。

从现有的文献看,他的弟弟巴塞罗缪在处理当地事务方面称得上是公正和果断,但问题在于他无法面面俱到,让所有的人都感到满意。他身边的人都是些探险者,几乎只知道探险,别的方面则很欠缺。就是率领着这样一群人,他得镇压敌对的印第安人,得安抚受到殖民者的凌辱和伤害而不满的土著人。

西班牙国内在期待着他把黄金源源不断地运回去。他心里很清楚,由于未能完成这项使命,国内早已怒不可遏。与此同时,他每天得面对当地的麻烦：一是西班牙人的阴谋叛乱，二是土著人所谓的造反。土著人造反只是想维护他们对自己美丽家园的权利，因为西班牙人正在蚕食鲸吞他们的家园。

哥伦布登陆时，这儿还比较安静，但也只是暂时的。他记得仅仅在六年前这儿的土著人是那样的幸福、欢快和好客，而现在则能躲多远就躲多远，无论从各个方面都表现出对那些企图奴役他们的西班牙人的不信任。另一方面，西班牙的士兵们以及移民也恨不得离开这儿——他们饥肠辘辘，即便有东西吃，也只是些难以下咽的当地食物。1493年，这些人曾满怀憧憬，急切地想来到这块充满希望的土地，而1498年他们则恨不得插翅飞回国内。

哥伦布一抵达殖民地，就发表声明支持他弟弟在他出航期间所采取的措施，严厉谴责那些跟巴塞罗缪作对的人。他发现自己深陷困境，情况十分危急。他身边缺乏足够的武装力量以对付那形形色色企图叛乱的人，于是决定好汉不吃眼前亏，提出以王室的名义宽恕那些人，可对方并不买账。

为了维护自己的面子和威信，哥伦布只好请王室对他弟弟和叛乱一方的头目罗尔丹做出裁决，由他们决定孰是孰非。他告诉费迪南国王和伊莎贝拉女王，说他归心似箭，很想赶快回到殖民地，因为在很大程度上正是由于他出航的时间太久才出现了这种尴尬的局面。他说他必须采取措施，把那些成事不足败事有余的人送回国去。

他请求王室派传教士到殖民地来，为的是让印第安人皈依基督教，以及令那些行为不轨的殖民者洗心革面，此外他还请求派几名税务官和一名博学的法官来。同时,他请求获得允许,让殖民地在两年内可以使用印第安人当奴隶。不过,他承诺只限于战俘和造反者。

回国的船只带走了他的信,也带走了作乱者的信(那些人指责哥伦布和他的弟弟为非作歹,以极其卑鄙的手段压制他们,有失公允)。双方的信件被一名信使送到了宫廷去。在等回音的几个月中,哥伦布竭尽所能,把全部精力都放在了殖民地的管理工作上。

他采取的措施并非完全没有效果。这就是说,在收到国内的回复之前,敌对双方偃旗息鼓,没有发生实际的冲突。可是,当回信来到时,他发现执笔人竟然是他的死对头丰塞卡。他送回国的是一封十万火急的信,而收到的却是一封官腔十足的回信,要他耐心等待,等到王室有了调查结果再说。他原来希望能得到来自国内的帮助,现在这一希望彻底化为了泡影。

作乱分子的头目罗尔丹深受鼓舞,顿时变得气焰嚣张,在哥伦布面前得寸进尺,要求把他的 15 名部下送回国解释情况,同时不仅要宽恕留下来的人,而且要分给他们土地。他还要求哥伦布当众认错,承认对他的指控都是不实之词。他的第四项要求是:作乱前他是裁判长,现在还必须担任这个职务。

哥伦布迫不得已,只好同意了这些无理要求。作乱者们还嫌不够,又增加了一条:如果他不能够履行这些协议,他们可以使用相应的手段迫使他履行。根据国王的指令,他在发现之旅中享有至高无上的权力,而现在他的这种权力受到了限制。

他满腹委屈,决定和巴塞罗缪回西班牙去,并为此做了一些准备。可就在这时,从该岛的西部地区传来消息,说有四艘不明身份的船只到了那里。他觉得殖民地危机四伏,这种时候离开会有不安全的后果,于是又给王室写了封信,挑明他跟作乱者达成协议是受到了对方的胁迫,请求王室不要被这种协议所束缚,并表明他自己是不会受到这种协议约束的。在信中,他重申了上一封信里的请求,同时提出他的儿子迪亚哥已长大成人,希望能把他派来。

哥伦布后来才得知,抵达西部地区的那四艘船其实是奥赫达指挥的船队(奥赫达将作为第二次远航中的一名勇敢的指挥官为后人所铭记)。奥赫达曾获得允许,可以独立采取行动。哥伦布曾跟他联系过,得知他率领船队正忙于砍伐染料木和转运奴隶。

哥伦布立即派曾经是作乱分子头目的罗尔丹去跟奥赫达沟通,问他来此处是否有授权。奥赫达出示了一张丰塞卡签发的许可证,准许他开展发现之旅。原来,哥伦布曾给国内写信,形容了他在帕里亚看到珍珠的情况,这一消息激发了人们的好奇心和热情,虽然王室态度冷淡,奥赫达却和一些探险家搞到了许可证,装备了四艘船,开始了发现之旅。恐怕会叫读者尤感兴趣的是,一位名叫维斯普西的佛罗伦萨商人也参加了这次航行,完成了他对美洲的初次探索。

维斯普西并非职业航海家,但他对地理很感兴趣,以前曾多次参加地理考察的航行。话分两头,圣多明各殖民地的叛乱分子一听说奥赫达来了,立刻推选他当他们的领头人。而奥赫达则对哥伦布摊牌,以冷漠的语气说他很可能会为这些人洗清罪名。他态度笃定,显然很有底气,觉得国内有丰塞卡为他撑腰。对哥伦布而言幸运的是,罗尔丹并不打算放弃"反对派领袖"的宝座。可以说，奥赫达和罗尔丹的明争暗斗是有利于哥伦布的，正所谓鹬蚌相争渔翁得利。

哥伦布原本计划继续他的发现之旅，而现在这一希望成了镜花水月，此时的他只顾忙于一项几乎无望完成的工作——调停探险者之间的分歧以及安抚那些只关心自己的利益，不管国家大业的人。国内，他的敌人兴风作浪，千方百计诋毁他的名誉。王室对于他的宏伟蓝图越来越淡漠，最终于 1499 年 5 月 21 日和 26 日先后给他写了两封信，要他把领导权交给新任长官博瓦迪利亚，由博瓦迪利亚掌管所有的要塞、船只、房屋以及其他王室的财产，并要他绝对服从博瓦迪利亚的领导。这就是说，博瓦迪利亚将成为殖民地至高无上的领导人，将凌驾于所有人之上。此人是一名王室成员，可能也是宫廷里的一个宠臣，此时临危受命，到殖民地来排患解纷，让殖民地更好地效忠于王室。他于 1500 年 7 月中旬起航，于同年 8 月 23日来到了圣多明各。

上岸后，他发现哥伦布和他的弟弟巴塞罗缪并不在城里，而是出外忙着筹建所谓的行省去了，殖民地的工作由年轻的迪亚哥·哥伦布负责管理。博瓦迪利亚来后第二天上午参加了弥撒仪式，之后在教堂门前当众宣读了王室对他的任命，声称将调查叛乱事件，一定要将肇事者绳之以法，严惩不贷。他说他将命令海军上将哥伦布协助他完成这些工作。

他要求迪亚哥将几个在押的犯人交给他，并要求指控他们的人来见他。迪亚哥回答说他哥哥的权力高于博瓦迪利亚的权力，同时向对方索要任命书的副本，但博瓦迪利亚拒绝出示，说要等到哥伦布本人回来才出示。博瓦迪利亚宣誓就职，下达的第一道命令，如上文所述，就是责令哥伦布把所有的王室财产都交到他手中。之后，他宣读了一道王室的命令，由他负责清还拖欠所有为王室效力的人的工资。这使他立刻赢得了民心。

然而，当他到要塞时，要塞指挥官却拒绝向他交权，声称自己受命于哥伦布海军上将，为国王保卫要塞，必须等到哥伦布回来才能交权。博瓦迪利亚二话没说，"直接闯关"，也就是说他硬性闯进了要塞，没有人对他加以阻挠。之后，他将要塞指挥官及其副官关押了起来。这还不够，他住进了哥伦布的住宅，没收了他的文件。身在外地的哥伦布一听说他来到了殖民地，即刻给他写了封信，措辞谨慎，对他的到来表示欢迎，提醒他每走一步都不要操之过急，还说他正准备回西班牙，一旦将各项事务都交代清楚，就会立刻把指挥权交给他。博瓦迪利亚没有写回信。后来，哥伦布收到了王室1499年5月26日发出的那封信，没有再耽搁，马不停蹄地赶到圣多明各城来交接事务。

哥伦布来时没有带卫兵，但博瓦迪利亚如临大敌，就好像他来者不善，一定会率领军队前来似的。哥伦布着意要表现出对王室的忠诚，想打消对方的疑虑。可是他刚一进城，博瓦迪利亚便下令逮捕他，给他上了镣铐，监禁在了要塞里。此前，博瓦迪利亚深得人心，但此时由于给哥伦布上镣铐这一举措有失风度，在这座小城里激起了涟漪，似乎使民情发生了变化。

哥伦布本人却表现出君子风度，没有说一句抱怨的话。博瓦迪利亚命令他把他的弟弟召回圣多明各来，他依命照办，要求他的弟弟服从王室代理人的命令。巴塞罗缪立刻赶回了圣多明各，然而一进城，就像弟弟迪亚哥一样，也被抓了起来，监禁在了一艘船上。博瓦迪利亚起草了一系列的指控书，交给船队带回西班牙。随后，船队便载着哥伦布以及抓来的俘虏扬帆起航了。

　　马丁船长对这位伟大的航海家所遭受的不公待遇感到非常伤心，表示很愿意为他取下镣铐。而哥伦布却不同意，说道："博瓦迪利亚是以国王和女王的名义下达的命令，我必须服从。他是受了王室的授权给我戴上了镣铐，我要一直戴着，直到国王和女王命令我取下它们。然后，我要把这副镣铐作为纪念品珍存，将其视为我为王室效忠的奖励。"据哥伦布的儿子费尔南多说，哥伦布的确这样做了，把那副镣铐一直挂在橱柜里，还要求家里人在他死后将镣铐和他埋在一起。

　　费尔南多·哥伦布说他父亲去世后，那副镣铐被放在了父亲的棺材里。哈里斯先生却称之为"无稽之谈"，并拿出了充分的证据说明那并非事实。他说："我相信哥伦布很可能会一怒之下，表示自己希望能将王室忘恩负义，使他受到不公平对待的证据埋入他的棺材，但我不相信他们真的那么做了。"

　　不难看出，哥伦布的第三次远航发现了帕利亚以及特立尼达岛，丰富了文明世界的认知，但在其他方面则收效甚微。

第十一章

1500年和1501年，西班牙；西班牙国内义愤填膺；哥伦布在宫廷受到热情接待；重新燃起对地理发现的兴趣；挽救圣墓的计划；准备进行第四次远航。

哥伦布坚持要戴着镣铐回国这一举措很明智，因为镣铐与其说象征着耻辱，倒不如说是一种装饰品。一听说这位伟大的探险家受到博瓦迪利亚如此不公正的对待，西班牙国内舆论哗然，民众义愤填膺，愤怒的呼声一浪高过一浪，这声音也传到了宫廷里。费迪南国王和伊莎贝拉女王想不到他们的那个宠臣竟然会利用他们赋予他的权力冒天下之大不韪，羞辱一个不知要比他优秀多少倍的人。

他们立刻下令，要加的斯港以最隆重的仪式欢迎哥伦布。哥伦布回国后，马上就给在宫廷里名望极高的多纳·胡安娜·德·拉·托雷夫人写了封信，以豪迈的语气为自己申辩。这封信至今仍保存完好，具有非常重要的价值，从中可以看得到他坚毅的性格以及他所经历的磨难。

胡安娜夫人把他的信拿到伊莎贝拉女王跟前念给她听。伊莎贝拉女王愤怒到了极点（她也可能是受到了公众舆论的影响，因为人们纷纷传言哥伦布是戴着镣铐回国的）。因而，当哥伦布来到宫廷时，她极其诚恳和热情地接待了他。费迪南国王跟她一样也对博瓦迪利亚的倒行逆施表现出了愤慨，不知是为形势所迫装装样子，还是真的为他的那位下属的做法感到悲哀。

在这之前，他们没有等博瓦迪利亚的文件抵达，就给哥伦布写了封信，语气很诚恳，说他们已下令付给哥伦布两千枚金币作为酬劳，还邀请他到格林纳达的宫廷里去。哥伦布是在 12 月 17 日到达宫廷的，当时陪伴他的是一群体面人物，他本人也衣着讲究，俨然是一个深受国王和女王恩宠的绅士。

女王见到他，激动得流下了眼泪。哥伦布想不到自己竟然受到如此真诚的对待，不由热泪盈眶，泣不成声，跪倒在地上，半天都说不出话来。国王夫妇把他扶起，说了一些温馨的话鼓励他。

恢复了平静之后，他滔滔不绝地发表了一通言论，显示出了只有雄才大略之人才具备的口才，又是表白他是如何忠于西班牙王室，又是声称他不管是否有经验，反正在管理殖民地时所面对的巨大困难是任何人都无法想象的。其实，他没必要自辩清白，事实已经给出了答案。

他的敌人的愚蠢行为已经损害了殖民地的事业，即便哥伦布再鲁莽,也不会造成那么严重的后果。王室对博瓦迪利亚造成的损失大为震怒,立刻下令撤销他的职务。他们把博瓦迪利亚送回国的针对哥伦布的指控书束之高阁,隆重、热情地欢迎了哥伦布,同时保证恢复他所有的特权。

从某种程度而言,他回来得正是时候,有利于实现他酝酿许久的对未来的规划。但另一方面,这时的形势跟当年他揭开伟大发现序幕的时候已截然不同,在某种程度上对他很不利。此时,瓦斯科·达·伽马①率领船队经好望角,从印度洋抵达印度,并顺利归来,完成了一次伟大的发现之旅。

这次发现之旅有着巨大的商业意义,其他的好处势必也会接踵而至,大大激发了欧洲人的热情,就跟八年前哥伦布完成的发现之旅所产生的影响一样深远。所以,哥伦布酝酿已久的相关规划一定会赢得青睐。不过,从另一方面而言,自从他完成了第一次远航后的这八年中,已经有许多探险界的精英参加了这项事业,谁都不愿意把好处让给他。这些精英里有平宗几兄弟,有读者所了解的奥赫达,还有上文提到过的维斯普西(此人聪明机智,很有头脑,热衷于这种发现之旅)。

此时,整个欧洲传得沸沸扬扬,说卡波特的航行跟哥伦布的相比,到了美洲偏北很远的地区。总而言之,哥伦布现在只是航海和探险精英中的一个,他的有关进行新的发现之旅的规划要跟别的规

---

① 葡萄牙航海家、探险家,1469 年出生于葡萄牙锡尼什,1524 年卒于印度科钦。

划平行竞争——这样的规划几乎每天都有人提出来,有的是规划走瓦斯科·达·伽马证实可行的东部航线,有的是规划走哥伦布开拓的西部航线。

诸位别忘了,此时的哥伦布已步入暮年,不管他在探险方面怎样成功,作为领导者却是不成功的。也许,他作为领导者不成功情有可原,但失败就是失败,人们绝不会因为他是一个成功的探险者就赐给他成功的领导者应该享有的荣誉。所以,他向宫廷呈交新的规划时,应该心里有一本账,知道自己的规划很可能会被拒绝,因为他并非唯一的一个能够提交这种规划的人。也许,对此他心知肚明。而且,不管他愿意不愿意,他很可能都必须打消以前的念头——担任他所发现的所有地区的总督。

在他连一寸土地也没有发现之前,王室给他开个空头支票倒是很容易,可以任命他当什么总督,由他统治他所发现的疆域。可是现在,王室要将一些大岛屿(也可能是亚洲大陆的一部分)交给他统治,心里就老大不情愿了——他们不情愿再履行他们以前大笔一挥随便和他所签订的协议。

哥伦布重新被起用,这固然不错,但无论是费迪南国王还是伊莎贝拉女王都无意再让他当领头羊,而是选中了一个叫尼古拉·奥凡多的比较年轻的人接替博瓦迪利亚的位置,去殖民地当总管。

而此时从殖民地那边传来的净是坏消息。如果说哥伦布及其弟弟在管理方面是失败的,那么博瓦迪利亚就失败得更惨。实际上,博瓦迪利亚朝令夕改,忽而采用绥靖政策,忽而又成了残忍的暴

哥伦布传

君。对于所有的叛乱分子，他都网开一面，不仅宽恕了他们，还支付他们在叛乱期间的报酬，这自然就导致了极端混乱局面的出现，人人都可以胡作非为。

他似乎并不是个坏人，只是做事鲁莽，性格软弱，完全不适合当领导。对于殖民者，他廉价租售王室的财产，直接损害了王室的利益。为了弥补税收的不足，他不得不向土著人开刀，变本加厉地压榨他们。他情知这样的做法无法长久。他的信条是"做一天和尚撞一天钟"，只顾眼前的得失，始终没有长远规划，一次次葬送了发展的机会。

印第安人以前就饱受欺凌，现在的状况更是如雪上加霜。在他执政期间（如果还能称其为"执政"的话），所有的举措都有名无实，结果导致殖民地的状况每况愈下。他倒是掘到了不少黄金，但不足以填补政府巨大的花费。对他而言最糟糕的是，他欺压土著人的行为触怒了伊莎贝拉女王，女王立刻任命了新的领导人，并令其马上起航，去终结殖民地的灾难。

王室一方面忙于为奥凡多的远航做准备以及召回博瓦迪利亚，另一方面绞尽脑汁想对殖民地的管理进行改革，无暇顾及哥伦布关于开启一次新的发现之旅的宏伟蓝图。不过，他没有被遗忘——王室派人对他的规划进行了审查，并提出了反馈意见，同时返还了以前拖欠他的钱。他获得允许，聘请了一位代理人专门负责他未来的财务。他选中的这位代理人名叫阿隆索·桑切斯·卡瓦贾尔，王室下令相关人员要尊重这位代理人。

王室在其他方面也做了准备,为的是能让奥凡多带着一支强大的后备力量抵达殖民地。他的船队共有 30 艘船,吨位在 25 西班牙吨到 150 西班牙吨之间。我们不能忘记,西班牙吨要比英吨①大 1/10 左右。登船的殖民者共计 2500 人——这次远航,首次允许人们携家带口。

王室不遗余力要为奥凡多的统治增加砝码,希望通过输送品格良好的家庭到殖民地去,然后令他们分布在四个地区以巩固殖民地的基础。哥伦布曾经极力主张这样的措施。

船队于 1502 年 2 月 13 日起航,没多久便遭遇了一场可怕的大风暴,其中的一艘船沉没,使得 120 名乘客葬身于海底。起初,西班牙国内以为整个船队都遭到了灭顶之灾,后来才发现事实并非如此。余下的船只在加那利群岛集结后重新出发,于 4 月 15 日到达了圣多明各。

哥伦布从来没有丧失对自己的信心,坚信自己受命于天,使命就是开拓一条前往印度地区的通道,为的是促进人类宗教事业的发展。之前,如果说瓦斯科·达·伽马发现了一条通往彼处的捷径,那么,克里斯托弗·哥伦布觉得自己应该发现一条更便捷的通道,为的是光大上帝的荣耀。他认为要想让人们了解他的使命,就应该向世人显示:只有这样才可以将圣墓从异教徒手中夺回来。

他提出的目标是夺回圣墓,与地理探索相去甚远。这简直就是

① 英国重量单位,等于 2240 磅。

一场新的十字军东征,所需经费要用从遥远的东方攫取的黄金填补。他觉得遥远东方的门户已近在咫尺。据传,他当时坚信古巴就是所罗门的疆土,觉得只要再向前航行一点路程,就会发现马可·波罗所描述的种种宝藏,就可以把那些让中国皇帝无比富有的疆域置于西班牙国王的掌控之下。

他向费迪南国王和伊莎贝拉女王表明:如果允许他再次远航,将由于博瓦迪利亚的倒行逆施而中断的发现之旅进行到底,他们就可以获得巨额财富,跻身于基督教世界诸王室之首。

在塞维利亚逗留期间,他并非无所事事。正当奥凡多指挥的庞大船队紧锣密鼓地准备出航时,他撰写了所谓的《预言书》,试图让信奉天主教的国王们相信很有必要实施他所提出的规划。他认为此事刻不容缓,因为他坚信一百五十年之后这个世界将不复存在,而在世界毁灭之前必须争分夺秒,有许多事情需要完成。

他想起了自己曾经发过的誓言:在开始发现之旅的七年内,他将率领五万名步兵和五万名骑兵去夺回圣墓。于是,他着手整理《圣经》中的预言以及基督教前辈所写的文献,以及一切充满神秘色彩和憧憬的文字,为的是完成他的光荣使命,在新大陆使异教徒皈依基督教,同时使旧大陆的基督教旧貌换新颜。

他有一名助手是天主教加尔都西会教士,此人擅于舞文弄墨和引经据典。二人合力将这些材料整理在一起,配了一些诗歌,编纂成册,然后呈送给了王室。

和这本《预言书》一起送去的还有他的一封长信,措辞激情满怀。在信中,他一开始就恳请王室发动一次十字军东征,口吻跟隐士彼得①无二。他说:假如王室认为这样的规划花费太大,他就建议他们回想一下他第一次提出发现之旅时的状况。他声称:正如上天选择了他去发现新大陆,选择他去发现圣墓也是天意。他说上帝让他看到了光明,看到他一定能完成这一伟大发现——这是他的荣耀,也是王室的荣耀。

一位天主教作家撰文说:"关于圣地之争不仅是现今的一大难题,也是未来宗教政治的戈尔迪乌姆之结②。假如哥伦布的愿望得以实现,那么,这一难题早就借助于新大陆的黄金迎刃而解了,或者说这一死结早就被哥伦布一剑劈开了。这样,我们就不会看到新教和泛神论教派从罗马教会中分离出去,为争权夺利打得不可开交——其实,这些权力无论是按照历史因袭,还是按照殉教精神以及骑士制度,都应该属于天主教会、使徒教会、罗马教会,属于基督教的长子法兰西。"

哥伦布胸有成竹,认为他可以从西方的财富中分得一杯羹,其数额足够他武装一支十万步兵和一万骑兵的大军。

"实际上,这位基督教英雄在做这样的估算时,正穷困潦倒,其收入还不够买一件披风。"一位满怀同情之心的传记作家如是说(我们在上文曾引用过该作家的话)。

---

① 十字军东征是天主教针对伊斯兰教发动的战争,共九次。隐士彼得是第一次十字军东征的主要倡导者。

② 西方传说中的死结。神谕说,如果谁能解开这个结,那么他就会成为亚细亚之王。

哥伦布传

这种话也许有点言过其实,但哥伦布在向宫廷递交雄心勃勃的规划时,过着捉襟见肘的日子,这种情况倒是真的。与此同时,他写了一首诗,抒发他对这一规划的情怀,取名叫《人类的末日:时刻不忘末日之说,避免落下永久遗憾》。

他在给国王和女王的信中说:"正是出于天意和激情,我投身于陛下的宫廷效力。然而,这里的人听了我的规划无不嗤之以鼻,我想用自己积累的知识和经验说服他们,但无济于事。在宫廷里,我度过了七年的时光,跟各个领域的专家学者争论不休,最后他们的一纸裁决令我的一切努力都付之东流。只有陛下自始至终相信我、信任我。毫无疑问,《圣经》中散发出的神圣光芒照亮了我的心扉,也照亮了陛下的心扉。"

在某种程度上,国王和女王可能为他的激情所感染。有一点是肯定的:他们相信哥伦布的规划能够给他们带来荣耀,也相信哥伦布一定能成功。不管出于什么动机,反正他们鼓励哥伦布不要放弃希望,说一定还会派他再次远航,这次不是作为殖民地的领导者,而是作为发现者。发现和探险其实是他最熟悉的行当,也只应该指派他去完成这样的使命。

我们不应当忘记:十字军战士的豪言壮语此时并没有过时,并非针对陈年往事。仅仅几年前,撒拉逊人①就被驱逐出了西班牙。几乎所有的人都将撒拉逊人视为基督教以及欧洲的敌人。此外,西

---

① 指中古时代所有的阿拉伯人。此处喻指伊斯兰教徒。

班牙已开始从美洲诸岛获取巨额利润，这成为国库的重要来源。

　　据说，他们每年从伊斯帕尼奥拉岛一地获取的利润就相当于现今的 1200 万美元。博瓦迪利亚的残暴统治曾经令西班牙蒙羞，但国王和女王希望能消除这个污痕，不仅派奥凡多取代他的位置，还想给哥伦布一个小小的机会以证明他的宏伟蓝图并非海市蜃楼——这些举措并不是不可能的。

哥伦布传

第十二章

第四次远航;王室对这次远航的指令;哥伦布奉命前往印度地区的大陆;短暂的路过;奥凡多禁止哥伦布进港;博瓦迪利亚的船队及其命运;哥伦布向西航行;发现洪都拉斯及其海岸线;寻找黄金;船只已不适合于继续航行;在牙买加避难;波拉斯兄弟领头叛乱;报信给圣多明各殖民地;月食;救援从天而降;哥伦布返回圣多明各,继而回到西班牙。

第三次远航结束后,哥伦布没有留在西班牙安度晚年,享受他已经赢得的荣誉和敬仰,现在看来实在令人惋惜。如果留在西班牙,这个为世界做出了巨大贡献的老人就不会在人生的最后一搏中惨遭失败,因而蒙羞,最终在失败的屈辱中抱恨离世。不过,我们不该忘记,哥伦布可不是一个愿意享受安逸生活的人,对安逸生活不感兴趣。他是个迎难而上的人,热衷于解决人生中一个又一个的困难。安逸的生活,甚至就连事业的成功以及世人的赞扬,只会燃起他新的欲望,向下一个目标迈进,将似乎不可能的事情变为现实。

因此,他一次又一次向王室请缨,建议重踏征途,开始一次新的远航。最后,国王和女王终于在 1502 年 3 月 14 日下令进行第四次远航,同时命令哥伦布不准在伊斯帕尼奥拉岛停留,但为了节省时间,可以从该岛旁边经过。这是用一种委婉的方式劝他不要搅进那块殖民地的是是非非。

国王夫妇还在信中说:王室跟葡萄牙国王进行了沟通,说哥伦布的这次远航是到西边探索,不会干扰葡萄牙在东边的探索活动。哥伦布收到指令,要他将葡萄牙探险者视为朋友,不准跟对方发生冲突。王室允许他带他的两个儿子费尔南多和迪亚哥一起去(这可能是他本人提出的要求)。

根据王室的指令,此次远航的主要目标是探索印度地区的大陆,其具体行文是:"如果天气无碍,你们要直接到属于西班牙势力范围内的印度地区,去发现那儿的岛屿和大陆。"王室要他占领所发现的岛屿和大陆,并将情况报告给王室。根据以往的经验,王室认为必须慎之又慎,防止个人在"黄金、白银、珍珠、宝石、香料以及其他不同品质的物品"方面有投机行为,这才有了这一特殊的指令。

关于这次远航,我们有哥伦布本人的正式记载。

出航的共有四艘船,三艘属于轻快帆船,而第四艘非常小。旗舰船由迪亚哥·特里斯坦指挥,第二艘"圣地亚哥"号由弗朗西斯科·德·波拉斯指挥,第三艘"维斯凯娜"号(或称比斯开人号)由巴塞罗缪·德·菲斯科指挥,而最小的"加利西安"号由佩德罗·德·托雷罗指挥。后来,这几艘船没有一艘能安全返回西班牙。波拉斯兄弟给哥伦布以及这次远航带来了灾难性的打击。

值得注意的是,哥伦布恢复了探险者的身份,而这是最适合他的身份,既不要他当指挥官,也不要他负责殖民地的管理工作。他的弟弟巴塞罗缪以及他的小儿子费尔南多和他一起参加了这次远航。

这支小船队于1502年5月11日从加的斯港出发,抵达摩洛哥海岸线上的小港西西利亚港时,解救出了一支被摩尔人重重包围的葡萄牙驻港部队。待那些人脱险后,哥伦布的船队立刻向大加那利岛进发,一路顺风顺水。

从大加那利岛出发,他们接着就到了一座被哥伦布称为"印度地区第一岛"的岛屿。哥伦布将其命名为马提尼诺岛(这座岛即现在的圣卢西亚岛,也可能是马提尼克岛)。此时,他们的航行才开始了17天。随后,船队去了多米尼加,又继续航行抵达圣多明各。哥伦布解释说是到那儿修理船只,因为根据王室的命令,他是不准干涉这个殖民地的事务的。

按说,他并没有违反这道命令。他明确表明:他打算沿着圣多明各的南海岸朝前航行,然后离开该岛开赴大陆。不过,这时他却声称船队里的那艘主要的船出现了问题,不能够升满帆,使别的船也只好放慢速度。这个短板在经历了越洋航行后,变得更加严重了。因此,他希望能在圣多明各另换一艘船。

当时他没有进港,而是给时任总督的奥凡多写了封信要求进港。他强调说,一场大风暴眼看就要来临,船队只是想进港避风。然而,奥凡多拒绝了他的请求,不准他进港。实际上,奥凡多已经接替了哥伦布的老对头博瓦迪利亚的位置,正准备派一支船队把博瓦迪利亚送回西班牙。

哥伦布急切想提供帮助,于是让回来的信使又返回去告诉奥凡多先不要派船队起航,等到风暴过去后再说。可是那支船队的船员们针对哥伦布以及他的风暴之说冷嘲热讽,请求奥凡多允许他们起航。

奥凡多允许了。于是博瓦迪利亚和船队扬帆起航了,结果十天后受到一场西印度飓风的袭击。哥伦布的对头博瓦迪利亚和罗尔丹乘坐的那艘船,连同他们几年来积攒下的黄金,一起沉到了海底。整个船队只有一艘最差的船幸免于难,回到了西班牙。这艘船上装载着四千块黄金,而这些黄金是哥伦布海军上将的财产。这时,哥伦布的那支小船队在圣多明各西部的一个海港里避风(他称此处为"风景如画的海港"),才逃过了这一劫,这也可能得益于他有着丰富的航海经验,以及他弟弟的大力协助。

后来,又一场风暴袭来,迫使他进入一个港口避风,他称之为巴西港(Port Brasil)。在西班牙语里,"brasil"一词有红色洋苏木的意思,是一种非常贵重的染料,多处红色洋苏木产地都用这个名称,而哥伦布在巴西港就看到了这种植物。这个词来源于 brasas(燃烧的炭),大概喻指"鲜红的色彩"。

7月16日，星期六，他们离开这个港口继续航行，接着就看到了牙买加，但他们没有留下来进行勘察，而是一路向西航行，随后又转向西南，一连赶了四天的路。这时，他们改变了航向，朝着西北航行了两天，然后又向北方航行了两天。

7月24日，星期日，他们看见了陆地，看见了如今人们所熟知的库亚戈岛。此时，他们离大陆已近在咫尺！在勘察了这座岛之后，他们于27日（星期三）起航向西南以及25度偏西南航行了大约90英里，再次看到了陆地（可能是洪都拉斯海岸附近的瓜纳哈岛或者博纳卡岛）。

这座岛屿上的印第安人手中持有黄金和珍珠。他们以前见过白种人。哥伦布称他们是体形健美的种族。船队驶离这座岛屿后，抵达了10里格开外的大陆，那儿离特鲁克希罗很近。很快，他们就发现了一个海港，即现在的特鲁克希罗港。哥伦布以此作为起点，开始对海岸线展开仔细的勘察。

他发现大陆的沿岸缺乏海港——他之后的所有航海人都注意到了这一现象。船队沿着海岸航行，来到了一条大河跟前（即现在的丁托河）。他以王室的名义宣布占领了这条河，将其命名为"占有之河"。他觉得当地的土著人很野蛮，地理位置也不适合建殖民地，于是继续南行，经过了所谓的"蚊子海岸"①（土著人称其为"卡利亚"）。

---

① 蚊子海岸，也被称为米斯基托海岸和米斯基托王国，位于现今的尼加拉瓜和洪都拉斯的东部海岸线。

这里的人很友好,愿意做交易,手中持有棉花和黄金。他们几乎一丝不挂,身上涂着颜料(岛屿上的那些土著人也大多如此)。哥伦布看见他们饲养有动物,样子像猪或大型山猫。

船队一直向南航行,沿途看见了一些港湾或海港,最后进入了"海军上将湾"(该地区名叫"赛拉巴洛"或"泽拉巴洛")。在这里,一个印第安人拿来一盘金块及黄金首饰交换东西。哥伦布见了深受鼓舞,希望能得到更多的黄金。

当地人说,如果他继续朝前走,就会看到一个海湾(他们称之为"埃布拉诺海湾",即现在的奇里基潟湖区)。他们说那儿的人都住在大山里。哥伦布注意到了一种现象,一种在他之后困扰了专家学者们达四百年之久的现象——美洲海岸线上的印第安人各地的语言都不相同,彼此听不懂对方的话,正所谓"十里不同音,百里不同俗"。

船队在进入维拉瓜河口时,来了几个手持长矛和弓箭的印第安人,拿来了一些黄金交换东西。这儿的人不住在海岸上,而是住在离海岸有两三里格的内陆,出海时则划着独木舟在河里顺流而下来到海边。

河边的那个地区名叫科布拉巴。由于没有合适的港口,哥伦布没有登岸。自从抵达大陆后,船队一直朝东南方向航行,而这次远航的使命是到西部探索,这似乎本身就是一种矛盾。更叫船员们恼怒的是,走这个方向似乎总是逆风。

1502年的11月2日至9日,这支小船队一直停泊在一个宽阔的海港里。哥伦布将这个港称为"贝洛港",意思是"美丽的海港"（这个名称一直沿用至今）。后来,此处建起了一座有相当规模的西班牙城市,由于1739年和1742年两次受到英军的进攻,该城为世人所广泛关注。

鉴于海岸是东西走向,他们只好一直向东航行,而海湾里水流流动的方向却与他们的航向相反。这儿的风向持续不变,不是东风就是东北风。他们的船只已被船蛆咬得千疮百孔。这种虫能把厚厚的船板咬穿,极具破坏性,后来的航海人接受了教训,用铜皮裹在船只的外壳上。

这时,船员们觉得他们受到了恶毒的诅咒,于是怨言四起。一个月后,哥伦布做出了让步,放弃了继续寻找前往印度通道的努力。他之所以愿意放弃,是因为他认为船队所处的位置与其他西班牙人以前所发现的海岸线已连在了一起。于是,他拐过头来西行,按原路返回到维拉瓜去寻找黄金。

但海洋上的风跟他的计划一样,说变就变——船队跟热带风暴搏斗,几乎长达两个星期之久。曾经一度,他们还遇见了水龙卷①,看见它直直地冲了过来。船员们绝望到了极点,大声向圣约翰②求救,据说正是因为这个他们才最终脱险。直至17日,他们才安全停

---

① 水龙卷是一种偶尔出现在温暖水面上空的龙卷风,它的上端与雷雨云相接,下端直接延伸到水面,一边旋转,一边移动,危险程度不亚于龙卷风,内部风速可超过每小时二百公里。

② 《圣经》里的人物,撰写《约翰福音》,宣扬耶稣可使所有信他的人得救而获永生。

泊在了海港里。哥伦布将整个海岸命名为"落差海岸",以纪念他当时的心理落差和失望。

当地的土著人跟以前一样,对他们仍热情友好,却直言不讳地告诉哥伦布,让他别指望能在海边找到黄金,说金矿都在维拉瓜地区。在海边耽搁了一段时间之后,船队于(1503 年)1 月 10 日起航,再次进入了维拉瓜河。

当地人不仅告诉哥伦布在哪儿能找到金矿,还热情地要为他提供向导把他领到那儿去。他给维拉瓜河另起了一个名字,叫"贝伦河",而把船队停泊的海港叫"圣玛丽亚·德·贝伦港"(或称"伯利恒港"①)。

他派出去的探索小分队声称在距离港口 8 里格远的地方发现了金矿,中间道路难行,群山连绵,江河纵横,光维拉瓜河一条河他们就横渡了 39 次。他们说印第安人在筛金方面很有一套。哥伦布又增派了 75 名船员到那个地方掘金。

仅仅用了一天的时间,那些人就轻松地各自得到了"两三枚卡斯蒂利亚金币"②。他们发现的是一种"砂矿",后来世界各地都有发现。

哥伦布坚信该地人烟稠密,居民的人数非常多。他从印第安人口中得知,他所认识的那位酋长(他将印第安部落的首领一律称为

---

① 伯利恒是耶稣的出生地。
② 作者注:卡斯蒂利亚金币是西班牙当时通用的货币。哥伦布这段记载的意思可能是:每个人掘到的黄金,价值"两三枚卡斯蒂利亚金币"。

哥伦布传

"酋长")是整个地区举足轻重的君主,住的房子也比其他人的大,是漂亮的木质结构,上面盖着棕榈叶。

至于船队收集到的黄金,自始至终都有精确的正式记录——共有大小金块 220 枚,总重量是 72.875 盎司,另外还有 1 格令①的零头。除了这些精金,还有大小次金 12 块,重 14.375 盎司,另外还有 6 托米尼的零头(一托米尼等于 1/3 德拉克马②)。按货币计算,可以说他们这一趟辛苦所获得的黄金,价值现在的 1500 美元。

哥伦布不辞劳苦地收集黄金,为的是让这次远航在国内赢得好口碑。其实,他出发前是拍过胸脯的,保证要筹集到一大笔钱,作为启动一次新的十字军东征的经费。不过,对他本人而言,其主要目标一直都是探索和发现。

最终,这支西班牙船队在该地区停留了两个月,加紧探索金矿。哥伦布觉得前景很好,于是决定让他的弟弟留下来维持治安以及开采金矿,他本人带着已经收集到的黄金返回西班牙,争取获得增援和给养。但最终这些美好的愿望都化成了泡影。

大批印第安人在一个名叫奎比安的人领导下聚集起来,有聚众闹事的企图,想把殖民者赶走。但要实现这样的计划,简直是以卵击石。哥伦布认为一切都在掌控之中,于是便按原来的决定行事,让他的弟弟留下来,只分给他一艘船,自己带领其余的三艘船返回西班牙。

---

① 重量单位。1 格令等于 0.00143 磅或 0.0648 克。
② 重量单位。1 德拉克马等于 1/8 液盎司(液盎司是一种液体的计量单位)。

然而,当时是逆风,不适合于远航。于是,他派出一只小船回定居点联系,可是小船却落在了野蛮人的手中。在这种情况不明的形势下,一个名叫莱德斯马的船员自告奋勇,说愿意顶着风浪游回定居点,跟那儿的人沟通。这个勇敢的人获得了成功——他到了岸上后又顶着风浪游回了船队,说定居点已陷入了野蛮人的重重包围之中。

显而易见,定居点必须放弃,哥伦布的弟弟及其部下必须撤离,回到西班牙去。当时,这就是他们所采取的措施。把留在定居点的那些枪炮以及给养装到哥伦布的那几艘船上,真不知费了多少力气。原来给定居点使用的那艘船已经彻底报废,连河道都驶不出去了,于是只好留下来,以纪念此次悲惨的殖民统治。

到了贝洛港,由于船体已被船蛆咬得千疮百孔,另一艘船也被放弃。剩下的两艘船状况也极其糟糕,"船体上满是窟窿眼,就像是蜂窝"(哥伦布语)。到了古巴南海岸,船队的食物极其匮乏,船员们只好吃木薯充饥。此时,船只的漏水现象越发严重,抽水泵的效率差,船员们就用桶和罐子将船舱里的水朝外舀。6 月 20 日,感谢上天垂怜,船队抵达了牙买加海岸线上的布埃诺港。这时,他们的船已成了废品,船员们被迫滞留于此达一年之久,与文明世界完全隔绝。

像哥伦布这样有作为的人在人生即将谢幕时,却在这种地方白白浪费了一年时间,还要受一些卑鄙小人的窝囊气(那些人嫉妒心强、性格残忍、自私自利、具有个人野心),这在历史上极为少见,实

哥伦布传

在令人同情。

这个海港距离圣多明各殖民地并不很远。读者会看到,他还派了个信使给那儿的同胞送信求援。可是,那些同胞对他的求援置之不理,让他孤军奋战,去面对强大的野蛮人部落。实际上,即便他死了,那些人也不会难过的。

一开始,哥伦布及其部下在这个海港里避难感觉还不错。第一次远航时,他来过这里,曾将此处命名为圣塔格洛莉亚港。这次他重返故地,立刻就有印第安人围了上来,准备跟他们做交易,还给他们送来了食物。可怜的船员们早已饿坏了,见了食物高兴得不得了。

门德斯是个精力充沛的船员,负责跟印第安人进行交易。一次,他离开船队去和一位友好的酋长谈判,从酋长手中换了一只很好的独木舟。他给酋长的交换物是一个铜盆、一件短身外套,并从自己仅有的两件衬衫中拿出一件送给了酋长。正是这只独木舟后来改变了他们的命运。哥伦布将其改装,加了一块龙骨板,配备了桅杆和船帆。

那位酋长借给他六个印第安人协助他,于是他就派迪亚哥·门德斯带着这几个人乘坐这只改装了的独木舟前往圣多明各,只有一名西班牙船员随行。他让这一行人送去一封写给王室的信,信中叙述了这次远航的情况(具体情况读者在上文已经看到)。

门德斯一行航行了 100 英里的时候,遇到了一群满怀敌意的野蛮人。那些人假装友好,后来突然变脸,把他们全都抓了起来。不过,趁着那些野蛮人为怎样瓜分战利品争吵不休时,门德斯逃回了独木舟,15天后独自一人回到了哥伦布身边。

哥伦布决定再派人去送信。这次,另一只独木舟,外加原来的那只,统一归门德斯指挥。他们再次出发,独木舟上带的有木薯干粮以及若干盛着淡水的葫芦。两只独木舟沿海岸航行时,巴塞罗缪·哥伦布率领一支全副武装的队伍在岸上全程护送。

等到天气晴朗的时候,门德斯开始向北横渡海峡朝着圣多明各进发(这段航程对脆弱的独木舟而言是很漫长的)。直到八个月之后,哥伦布才听到了他们的消息。这八个月简直就是一段在绝望中等待、叛乱和内讧的历史。这一小群大难不死、侥幸余生的人来到一个物产丰富、气候宜人的岛屿上不能和平共处,却尔虞我诈,彼此争吵不断,实在叫人感到可悲。

波拉斯兄弟是哥伦布手下的两名军官,他们蛊惑和煽动船员,说哥伦布把获救的希望寄托在门德斯身上完全是痴心妄想。他们声称哥伦布遭到了西班牙的流放,压根儿就不敢回伊斯帕尼奥拉岛,以鼓动船员们起来造反,跟哥伦布弟兄俩作对。

1504年1月2日,弗朗西斯科·德·波拉斯冲进哥伦布的船舱发起了牢骚,说困守于这荒凉之地只有死路一条,并严厉谴责了哥伦布,仿佛这都是哥伦布造成的。他告诉哥伦布,说他们已决定返回西班牙去。说到这里,他提高了嗓门儿喊道:"我要回卡斯蒂利亚。谁愿意跟我走?"那些叛乱分子立刻响应说他们愿意跟着走。他们的叫嚣气势汹汹,大有威胁到哥伦布生命的可能。

巴塞罗缪·哥伦布是船队的指挥官,此时请求他的哥哥朝后退,离开那群人,由他来面对那些人的攻击。一些忠诚的船员劝说巴塞罗缪放下武器,同时要求波拉斯兄弟及其同伴离开此地。显然,波拉斯他们是有这个能力的,并酝酿已久,这时便试图将他们的计划付诸实施。

他们乘坐十只独木舟扬长而去。就这样,哥伦布被自己的48名部下抛弃。那些人沿着门德斯走过的那条航线向东航行,一路干些无法无天的勾当,抢夺印第安人的粮食以及其他所需物品。也像门德斯一样,他们来到牙买加的东端等待好天气。由于操纵不了独木舟,他们带了一些印第安人协助他们。

等到风平浪静时,他们便开始了漫长的航程,可是离开陆地还不到4里格就起了风浪,吓得他们急忙往回跑。由于独木舟超载,再加上风浪大,海水不断往独木舟里灌。

这些西班牙人慌了神,把能扔的东西都抛进了大海,只留下了武器和一部分干粮。他们甚至强迫印第安人跳进海里以减轻重量。印第安人虽然游泳游得好,但游到岸边却又不能,于是便靠近独木舟,时不时用手抓住独木舟缓口气。残忍的西班牙人见状就拔剑砍他们的手和他们的身体。就这样,随行的18个印第安人命丧大海,只留下了几个极其擅长操纵独木舟的人。返回陆地后,他们首鼠两端,不知再做一次尝试好还是回到哥伦布那儿好。

最终,他们原地又等了一个月,然后瞅准机会再次起航前往伊斯帕尼奥拉岛。但这次和上次一样又遭到了失败。这时,他们失去了耐心,向西航行又回到了他们曾经侮辱过的哥伦布跟前,决定不管印第安人友好不友好,也不管生活条件恶劣不恶劣,都再也不离开那儿了。

此时的哥伦布虽然麾下的人员只剩下了一半,但仍在坚守。通过他的努力,船员们和土著人之间已经建立了良好的秩序。不过,由于食物短缺,他必须严加看管,情知食物对生病的船员是多么重要。另一方面,印第安人压根儿就不习惯稼穑之事,如今让他们为这么多人提供食物,便倍感困难。

给养在一天天减少。印第安人不再愿意到港口来,因为他们用食物换来的那点小玩意儿不再对他们具有吸引力。哥伦布最初发现这座岛屿时,觉得此处是个富饶之地,而此时船员们却开始感到恐惧,害怕自己会饿死在岛屿的海岸上。就是在这节骨眼上,土著人的态度发生了转变,变得越来越不友好。哥伦布像暴君一样为自己的行为寻找借口,决定利用天文学知识,以超自然的力量控制那些不友好的印第安人。

于是,他派翻译去把当地的几个主要的酋长叫来开会。对于这次会议,他指定了一个日子——他知道这一天会出现月全食。酋长们如期赶来。他告诉酋长们,他和他的朋友们崇拜一个住在天堂里的神,这个神喜欢顺从他的人,对于桀骜不驯的人却会严惩不贷。

他提醒酋长们:门德斯及其同伴出航时,这个神曾保佑过他们,因为他们是奉命而行,也是这个神惩罚了波拉斯兄弟及其同犯,因为他们是叛乱分子。他声称:由于印第安人不愿为这个伟大神的忠实崇拜者提供食物,现在他很生印第安人的气,打算让饥荒和瘟疫降临此地作为惩罚。

他说,假如他们不相信他的警告,这天夜里天空就会出现一种征兆——那位伟大的神已怒不可遏。他们将会看到月亮变色,继而失去光芒。这就是一种征兆,表示神即将惩罚他们。

印第安人已不像从前那样信任哥伦布,有的嘲笑他,有的却惊慌失措——所有的人都怀着急切和好奇的心情等待着奇迹的出现。夜晚降临时,只见一道黑影逐渐将月亮遮盖。随着月食的进展,印第安人越来越恐惧。最后,当神秘的黑影遮盖住了整个天空时,他们觉得必须有所作为,让月亮的光芒复现。

这时的印第安人恐惧到了极点,把家里所有的食物都拿到了船队,跪下来请求哥伦布去向他的神求饶,别让他所说的那种灾难降临。哥伦布拒不接见他们,将自己关在船舱里,耐心等待月食现象的加重,据说他其实是躲在那里侧耳静听野蛮人的哀号与祈求。

眼看月食即将结束时,他才放下架子走了出来,对印第安人说他已经向他的神求过情了。那位神说:如果印第安人答应信守诺言,为船队提供食物,就饶恕他们,将遮盖住月亮的黑影撤走。

印第安人发现那位神说话算数,无论是惩罚还是撤销惩罚都如此——月亮果然复现了光芒。他们对哥伦布千恩万谢,感谢他的求情,之后就各自回家了。自此,他们坚信哥伦布虽身在人间,却有通天的本事,于是就源源不断地向他贡献礼品。船队也能够源源不断地得到食物供应,此后便再也不缺当地的食物了。

然而，月食之说却不能够让船员们安分守己。在这座岛上困守了八个月之后，这些劫后余生的人又开始酝酿一场叛乱，打算将剩下的几只独木舟控制在手里，取路前往伊斯帕尼奥拉岛。不过，眼看一场新的叛乱就要发生时，他们看到一艘船来到了海港。

看得出，那艘船很小。它停泊在远处的海面上，派了一只小船到岸边来。小船靠近时，在岸上焦急等待的船员们认出来人竟是埃斯科巴。当初，哥伦布在伊莎贝拉城执政时，此人曾被判处了死刑，后来却被哥伦布的继任博瓦迪利亚赦免。虽然此人是基督徒，也是个西班牙同胞，但看见他前来救援，毕竟不是个好兆头。

埃斯科巴来到船队（船员们仍住在船上），交给他们一封伊斯帕尼奥拉岛新总督奥凡多的亲笔信，还献上了一些腊肉和一桶酒，说是给哥伦布的见面礼。他跟哥伦布进行了私下谈话，说总督对他的不幸遭遇表示关切，但遗憾的是总督身边没有大船将所有的船员都接走，不过他一有办法就立刻派船来。埃斯科巴让哥伦布放心，说哥伦布走后，他所关心的伊斯帕尼奥拉岛的所有事务都得到了妥善处理。他让哥伦布给总督写封回信，说他马上就准备回伊斯帕尼奥拉岛去。

受困的船员们等待救援如大旱盼雨，但等了八个月等来的却是一张空头支票。可是，埃斯科巴处于强势地位，事情由他说了算。于是，哥伦布立刻给奥凡多写了回信，说他的状况十分糟糕，而波拉斯兄弟的叛乱更使形势雪上加霜。他表示自己寄希望于奥凡多的承诺，说他将留在船上，耐心等待救援的到来。埃斯科巴拿到回信就返回他的船上了,而那艘船立刻便开走了,将一群饥肠辘辘、几近绝望的西班牙人丢在身后,让他们去面对他们早已深陷其中的悲惨命运。

哥伦布尽力安慰船员们,声称他相信奥凡多的承诺,不久一定会有大船来把大家都接走。他说大家完全可以相信他的话,因为他本人选择了留下,跟大家一起等待,而没有和埃斯科巴一道离开。他说他之所以命令那只小船立刻赶回去,是为了争取时间,让那边尽快派船来接人。

他的一番话鼓舞了士气,让大家吃了一颗定心丸。其实,他心里非常生气,对奥凡多的冷漠感到怒不可遏。奥凡多送来的信只是画饼充饥,而赠送的那点食物完全是杯水车薪,这会叫他们身陷危境和倒悬之苦达数月之久,自然会令这位伟大的领头人怒火中烧。他坚信,奥凡多一定巴不得他早死。

他认为:奥凡多可能觉得他的死会对奥凡多的政治生涯有利,派埃斯科巴来只是想了解一下这儿的情况。当时身在圣多明各的历史学家拉斯·卡萨斯也有这种感觉。他说埃斯科巴被选中当信使,只是因为他敌视哥伦布——埃斯科巴没有让来船靠岸,没有和任何一个船员交谈,没有传递除哥伦布之外的任何一个人的信件。

埃斯科巴走后,哥伦布派人上岸和住在陆地上的那些叛乱分子谈判,提出他将宽恕和善待他们,奥凡多派船来时,和他们一道离开这儿。为了表示善意,他还把埃斯科巴送来的腊肉分了一部分给他们。

弗朗西斯科·德·波拉斯接待了他的使者,回复说他们不愿回到船上去,情愿在陆地上过逍遥自在的日子。他们提出可以化干戈为玉帛,但条件是哥伦布必须郑重承诺:如果有两艘救援船只到来,得分给他们一艘乘坐;倘若只有一艘到来,得分一半舱位给他们,而且得把船队存留的给养和贸易物品和他们对半分。然而,哥伦布拒绝接受这些要求。

这是波拉斯代表那些叛乱的船员做出的答复,但那些叛乱的船员并不满意,差点因此引发内讧。波拉斯试图稳定人心,便以坚定的语气声称:关于埃斯科巴来过的说法完全是无稽之谈,港口压根儿就没有来过船只,大家见到的船只只不过是精通巫术的哥伦布制造出来的一种幻象。

他提醒大家:那艘船于傍晚时分到达,仅仅和哥伦布沟通了一下,便匆匆消失在了夜色里。假如真的有船来,哥伦布为什么不带着他的弟弟及儿子乘船离开?那只是一种幻象,一闪就消失了——这难道还不清楚吗?

这还不够,他得寸进尺,竟然率领部下来到了距离船队非常近的地方,企图抢夺船队的给养,把哥伦布抓起来。不过,哥伦布早已发现了这支来意不善的队伍。他的弟弟巴塞罗缪带着50名坚定不移的忠诚船员拿起武器迎了上去。他把曾经和波拉斯谈判过的使者又派出去再次谈判,可是波拉斯及其追随者不允许使者靠近。

叛乱分子孤注一掷,决心要和那50名忠诚的船员决一胜负,企图趁乱杀死巴塞罗缪,于是便蜂拥而上,发起了攻击。谁知他们第一个回合就死了四五个人。

巴塞罗缪亲自手刃了一个名叫桑切斯的最为凶狠的叛乱分子。波拉斯冲过来，一剑刺在巴塞罗缪的盾牌上，刺伤了他的手，但由于未能及时将剑从盾牌拔出，巴塞罗缪冲上去把他一举制服。叛乱分子见大势已去，顿时作鸟兽散。

双方交战时，印第安人看着这些来自天堂的人相互残杀，倍感惊讶，站在一旁观战。战斗结束后，他们来到战场上，见几个他们以为是神仙的人竟然横尸地上，不由大惑不解。据说，当时有个伤员仅仅呻吟了一声，便吓得他们狼狈逃窜。

巴塞罗缪凯旋，回到了船队，把战俘也押送了回来。他们一行只有他和他的助手负了伤，别的人都安然无恙。次日，那些逃跑的叛乱分子向哥伦布送交了悔罪书，承认他们错了，请求原谅。

哥伦布看到他们的联盟已土崩瓦解，便答应了他们的请求，但声称对弗朗西斯科·德·波拉斯却绝不原谅，而是要将其监禁起来。他没有允许那些叛乱分子回到船上，只是派了一名忠诚的军官上岸管理他们，交给那个军官足够的东西去跟土著人换食品吃。

在漫长的与世隔绝的生活中，西班牙船员们的这次内讧可以说是最后的一次危机事件——在经历了长达一年的期待和恐惧之后，终于有两艘救援船来到了这个海港。其中的一艘花的是哥伦布的钱，由忠实的门德斯装备起来；另一艘是后来由奥凡多装备的，陪同门德斯装备的船一道参加了救援。

看来，一定是奥凡多的见死不救在伊莎贝拉城惹起了众怒。迫于舆论的压力，他只好派了一艘船和门德斯的船一起来到了海港。门德斯亲眼看着两艘船起航,然后就回西班牙为哥伦布的事张罗去了。

两艘救援船来到牙买加的布埃诺港后,哥伦布如释重负,心头的痛苦和忧虑一下子就消除了大半。最起码,他不必独自承担责任了。前往圣多明各的航程很漫长,足足耗了六个星期。不过,到了圣多明各,迎接他的是喜庆的场面,这是他始料未及的。

他遭受的苦难以及蒙受的冤屈激发了这个殖民地的人对他的敬仰之情。奥凡多把他当贵宾请到总督府做客;当地的人民以很高的荣誉接待了他。

然而,他在这儿见到的情况并没有叫他感到舒心。奥凡多在此处实行铁腕统治,使得可怜的土著人处于水深火热之中。哥伦布自己的事务被束之高阁,别想得到这位总督丝毫的帮助。他在这座岛屿上只待了一个月,尽一切努力打理好自己的财产,随即便于1504年9月12日乘船回西班牙了。

船队几乎刚一离港就遭遇了狂飙,吹断了他那艘船的桅杆。他只好换乘他弟弟巴塞罗缪指挥的那艘船。此船也命运不佳,主桅杆毁于一场暴风雨,锯断了之后才能继续航行。

途中又一场暴风袭来,吹折了船的前桅杆。11月17日,这艘伤痕累累、饱受暴风之苦的船只终于抵达了圣卢卡。哥伦布被痛风及其他疾病所折磨,在途中受尽了困扰。这一航程对一个年近古稀、疾病缠身的老人而言,的确太艰难了。

一上岸,他立刻就去了塞维利亚休养,让他那有病的躯体以及受伤的心灵得到恢复。

第十三章

凄凉的两年时光;伊莎贝拉女王驾崩;哥伦布在塞维利亚;他重病缠身;致信国王;前往塞哥维亚、萨拉曼卡和巴亚多利德①的旅程;哥伦布的诉求;菲利普大公和胡安娜女王;哥伦布的遗嘱及离世;他的葬礼以及遗体的改迁;他的肖像以及他的性格。

哥伦布回到了阔别两年半的西班牙,此时的他已重病缠身。在人生的最后两年里,他境遇凄凉,一直致力于洗刷玷污了他名声的耻辱,希望能为两个儿子创造好的机会以完成他未竟的事业。

他回来没多久,伊莎贝拉女王便于 11 月 26 日驾崩了。费迪南国王对他冰冷、无情,只顾忙于别的事务,根本不关心什么发现之

---

① 三地均为西班牙的城市。

旅。他认为哥伦布不知道如何在殖民地挖掘黄金然后运回国来,责备哥伦布并未实现最后的那次远航将抵达东方的承诺。

伊莎贝拉女王在世时一直对哥伦布很好,甚至他受困于牙买加期间,还任命他的长子为她的贴身护卫——这一任命不仅年薪丰厚,还享有很高的荣誉。迪亚哥·门德斯是哥伦布忠诚的朋友,曾在圣多明各为他的事情奔走呼号,就连他回国后也受到女王的重用,给了他显赫的职位。

显然,女王对哥伦布恩宠有加,临终前也没有忘记哥伦布,希望能给他公正的待遇。她不负天意,完成了上天交给她的使命——她一直念念不忘新大陆,并且委派哥伦布这样伟大的发现者去探索它。她的离世使哥伦布失去了一位最好的朋友。

抵达塞维利亚时,哥伦布完全可以好好休息一下,享受悠闲的时光,但他并未闲下来,而是立刻又忙碌起来,为在最后一次远航中陪伴过他的船员们争取公正的报酬。许多船员曾经背叛了他,不忠实于王室,但他不计前嫌,表现出宏大的气量,在宫廷慷慨激昂地为他们辩护,说他们经历了千难万险,把有益的信息带回了祖国,国王应该付给他们相应的报酬。

这段时间,他在给儿子的一封信中说道:"在塞维利亚,我上无片瓦,下无立锥,没有地方吃饭,没有地方睡觉,只好在客栈里苟延残喘。可是,就连客栈的住宿费我也常常付不起。"从这段文字看得出,他当时过的日子形如乞丐。谁能相信,一个应该将印度地区1/10的进项收入囊中的人竟然日复一日地难以糊口?这未免有些荒唐,有言过其实之嫌。

但毫无疑问的是:他的确经常缺钱花。他在给儿子的另一封信中哭穷说:"我常常举债度日。"不管怎样,对热那亚设立在安大路西亚的银行机构而言,他还是有着良好信誉的。他一方面写信要儿子生活节俭,另一方面则承认自己收到了一些汇票以及数目可观的钱。

仅仅 12 月份在伊斯帕尼奥拉岛单笔转于他账下的钱就很多,相当于现在的 5000 美元。因此,他说自己付不起客栈住宿费的话是不可信的。但另一方面,从信件中我们可以看到:1505 年 4 月 15 日,国王下令将哥伦布那 1/10 的收益份额暂时扣留于国库,作为他当海军上将时签署的一些债务的保证金。

国王下令让王室在伊斯帕尼奥拉岛的代理人变卖哥伦布在该地的所有财产。这些细节是哈里斯先生精心整理和披露出来的,他说国王的最后一道命令简直叫人无法理解。

当有关牙买加事件的正式审理程序最终在国内启动时,哥伦布打算亲自到宫廷去申诉,并雇了一辆马车,为行程做好了一切安排,但由于体弱多病,只好又一次放弃了已经制定好的计划。他只得以写信的方式强调自己的诉求。他的信很长,提供的细节很多,但不幸的是,正是因为如此,他的信不可能被仔细阅读。此时的他白天忙于生计,只能在夜间写信。

他谨慎地向费迪南国王表明:他在那些岛屿上的利益没有得到应该得到的关照。他在信中谴责奥凡多玩忽职守,有负于王室的厚望,并毫不客气地声称他本人在彼地执政时所采取的方针政策比任何一位继任都明智。

可惜他毕竟是个已风烛残年的老人,无法亲自到宫廷为自己申辩。他数次远航,但并未实现最终目标——开拓一条前往南海的航道。他的确在美洲大陆发现了金矿,然而带回国的财富却微乎其微。宫廷给予他的回信完全是官样文章,令他大失所望。宫廷举行申辩会时,波拉斯兄弟为他们的行为进行了辩护,而迪亚哥·门德斯和卡尔瓦哈尔则代表哥伦布出庭。

在这段时期,哥伦布的人生已日薄西山。据了解,这段时期他给儿子写了11封信。从这些信中我们可以看到,他1505年2月仍住在塞维利亚。根据拉斯·卡萨斯的权威说法,他于第二年的5月份离开西班牙的这个地区,去了塞哥维亚,然后拖着病弱的身体跟随宫廷又先后去了萨拉曼卡和巴亚多利德。

宫廷对他和从前一样,从表面看还是挺好的,但实际上只是敷衍他,并没有诚恳的作为。过了几天,哥伦布要求王室采取行动,对他的损失进行认定,并落实以前对他做出的承诺。国王回复说他很愿意解决分歧,但应该由第三方加以裁决。哥伦布表示同意,提出由迪亚哥·德·德萨大主教担任仲裁人。

我们不能忘记:早期哥伦布的规划在萨拉曼卡接受审查的时候,此人曾经帮助过他。国王同意哥伦布的提议,但指出有些事情在裁决时,哥伦布是不能够质疑的,其中就包括王室不同意恢复他的总督头衔。

这是有关尊严的问题，哥伦布寸步不让——他觉得这比什么都重要。他认为自己是印度地区的总督，这是不争的事实。对于他的这一诉求，王室一拖再拖，直至他离开人世也没有请人裁决，而他一死，也就不用裁决了。

只要仔细阅读这些文献，我们就会了解哥伦布的品格以及悲惨的命运，实在令人唏嘘，而国王并不觉得这样（实际上，他对这些并不关心）。

眼看无法为自己争取到公正的待遇，哥伦布在绝望之中提出一项请求，想让儿子到伊斯帕尼奥拉岛接替他的位置。国王对此始终不肯点头，似乎另有打算——王室原承诺要让哥伦布当新发现领地的总督，而此时国王翻悔，打算赐给他莱昂王国的一个小镇作为交换（该小镇有一个不雅的名称——"伯爵的遗骸"）。

哥伦布聘请了几个人到宫廷表明他的诉求以及管理他的事务。有趣的是，这几个人当中就有佛罗伦萨商人维斯普西（此人早年叫阿尔贝里戈，此时已更名为阿美利哥①）。

此时，国王一直在忙于处理美洲那些岛屿的事务，任命了几名主教去殖民地负责那儿的宗教事宜，在人选问题上并未征求哥伦布的意见，甚至对他提也没提。继承了伊莎贝拉女王的财产及王位的胡安娜及其丈夫菲利普②从佛兰德斯来到宫廷时，哥伦布原想前去表示敬意，但由于身体过于病弱未能成行。

---

① 上文已交代过：美洲以此人的名字而命名。
② 奥地利大公。

他给胡安娜女王及其丈夫写了封信,强调了自己的诉求,语气不卑不亢。他委托弟弟巴塞罗缪去向那对年轻的王室夫妇呈交这封信,向他们表示敬意。那对夫妇热情接待了巴塞罗缪,并表示了良好的愿望,说一定关切和考虑哥伦布的诉求。可是,他们的承诺对哥伦布而言已经太晚了。委派弟弟去送信过后不久,他的病情便急剧恶化了。

此时,他的诉求以及长期的等待终于画上了句号。他的健康状况一天不如一天。到了 5 月份,他清楚死神正在悄悄地来到他跟前。这时,国王带着他的宫廷迁去了比利亚弗兰卡·德·瓦拉卡卡①。

5 月 19 日,他签署了一年前早已在塞哥维亚准备好了的遗嘱。根据这份遗嘱,他的儿子及其后代将继承和管理他的财产,永远居住在热那亚城,"在那儿娶妻生子,因为那儿有血脉相连的亲人。他们将扎根于这座城市,有可观的进项,过一种体面的生活。我出生在这座城市,来自这座城市,他们也将为这座城市效力,并从中受惠"。关于遗嘱的这一项条款,后来引发了诉讼,官司不断。

遗嘱里还有一项条款也引发了争议。根据这项条款,他的儿子迪亚哥需要照顾费尔南多②的母亲比阿特丽斯·恩里克斯。迪亚哥被要求为比阿特丽斯·恩里克斯提供生活费,让她过上有尊严的生活,"因为我对她是应该承担责任的。我的心头像压了一块大石

---

① 西班牙东北部一城市。
② 费尔南多是哥伦布的私生子。

头,其原因不便在此说明,你这样做可以减轻我良心上的负疚感"。

　　哥伦布的这份遗嘱以及其他有关财产问题的文件引发了一系列的诉讼,这一现象着实奇怪,但并不有趣。如今,负责处理哥伦布事务的代理人是唐·克里斯托巴尔·科隆·德·拉·塞尔达(此人是维拉瓜和拉维加的公爵、西班牙一等贵族,兼任印度地区的海军上将和总督,现住马德里)。

　　1506 年 5 月 21 日,哥伦布签署了遗嘱两天之后就去世了,而这一天是耶稣升天日。他临终的最后一句话是耶稣在拉丁语圣约书里的祈祷词:In manus tuas, Pater, commendo spiritum meum! (天父啊,我把我的灵魂交到你的手中!)此时,宫廷离开了巴亚多利德①,可能把历史学家以及编年史作者也都带走了。不知是出于这个原因还是其他原因,当时的文献中竟然没有关于哥伦布葬礼的只言片语。

　　他的遗体被安放在巴亚多利德的圣·弗朗西斯科女修道院。至少,纳瓦雷特是这么说的(此人一直在收集有关哥伦布的原始资料)。他还说:过了许久,哥伦布的遗体才从圣·弗朗西斯科女修道院迁出,运到了塞维利亚。那儿新建了一座教堂,名叫圣玛丽亚·德·拉·安提瓜,哥伦布的葬礼就是在这座教堂举行的,他的遗体也安葬在了这里。关于这个话题有着许多说法,此处不便赘述。据说,举行葬礼的那一年是 1513 年,但哈里斯先生举证说这种观点并

---

　　①　西班牙中部一城市。

不准确。

哥伦布的遗体在这个教堂至少停放了 28 年。后来,查理五世①收到一份请愿书,要求把哥伦布的棺椁迁至圣多明各,安放于那座城市的大教堂里。查理五世表示同意,并于 1537 年 6 月 2 日签署了迁棺的命令。哥伦布的棺椁究竟是何时迁往圣多明各的,我们无从得知,反正没过几年这项命令就得到了落实。

哈里斯先生引用一份权威文献的话说:1655 年威廉·佩恩②包围了圣多明各,葬于这座教堂的遗骸都迁往了别处,"海军上将哥伦布"的遗体也包括在内,怕的是这些遗体会遭到异教徒③的亵渎。

哈里斯先生同时提醒公众注意一个事实:1673 年 5 月 19 日圣多明各发生地震,使这座教堂部分受损,教堂墓地也遭到了破坏。他说:"那块殖民地变成了废墟,再加上气候、天气以及管理人员疏忽大意的原因,哥伦布及其子孙的遗骸已经消失不见,被人们所遗忘。"至于有人说在圣多明各或别的什么地方发现了哥伦布及其子孙的遗骸,哈里斯先生认为并不属实。这话出自一个长期关注这一事情的人之口,简直太有意思了。因为人们普遍认为哥伦布的遗体被迁移到了古巴的哈瓦那。此处引用的哈里斯先生的观点应该得到高度的尊重,并被视为权威的看法。

---

① 费迪南国王和伊莎贝拉女王的外孙。

② 英国海军上将。1655 年任西印度远征军海军司令时,曾包围了圣多明各,但由于和陆军司令罗伯特·维纳布尔斯发生争执,他们的内讧导致了夺取圣多明各行动的失败。

③ 英国的国教是英格兰圣公会,被西班牙人视为异教。

至于如今哥伦布的遗骸究竟在哪里，最近又起争论，历史学家、媒体以及官方或非官方的观点都诉诸报端，发表自己的看法。

1867 年，有人向罗马教皇提议，希望能赐予哥伦布以罗马天主教的崇高荣誉，对他行宣福礼①。1877 年，哥伦布热情的传记作家德洛格说，教会针对此事曾做过民意调查，最终决定赐给他这种荣誉。看了德洛格写的传记，读者会认为哥伦布已经受到教会的认可，有望成为圣人。但实际情况是：教会倒是做过一些民意调查，却一直未正式赐予他这种荣誉，未对他行宣福礼。

一个和哥伦布同时代的人记载："哥伦布精力充沛，身材高大，面色红润，脸形偏长。"②

而后一代人奥维耶多则是这样形容哥伦布的："他英俊潇洒，身材中等偏高，四肢发达，目光敏锐，身体比例匀称，头发发红，面色红润，脸上带有红斑。"

拉斯·卡萨斯主教和哥伦布有私交，他对哥伦布的描述是："他身材中等偏高，长脸，容貌出众，鹰钩鼻，眼睛湛蓝清澈，肤色不黑不白，显得很红润，年轻时须发呈亚麻色，但由于过度操劳早早就发白了。"

拉斯·卡萨斯在另一篇文献中则这样记载："哥伦布举止粗鲁，说话没有分寸。在必要的时候他还表现得比较得体，但一被激恼就

---

① 宣福礼是天主教会追封已过世人的一种仪式，用意在于尊崇其德行和信仰。接受过宣福礼的人，其地位仅次于圣人。
② 这段话出自彼得·马特的《关于新大陆的探索》（1511 年出版）。

会发脾气。"

哈里斯先生收集了各个文献中的不同描述，最后总结说：哥伦布那样的相貌在热那亚城及其附近几乎处处可见。他还说："至于哥伦布的肖像，无论是油画、版画还是雕塑，无论是私人收藏品还是印刷品，没有一样是可信的，全都是想象之作。"

本书选用了一幅有关哥伦布的插图——此图广为人知，也是人们最感兴趣的一幅（本版本未选用）。这幅画作现珍藏于佛罗伦萨城，但作者的姓名以及完稿日期却无从得知。人们一般都称其为"佛罗伦萨的哥伦布肖像"。托马斯·杰斐逊①曾命人模仿该画制作了一幅版画，仿真度极高，现由马萨诸塞州历史协会珍藏。我们选用的插图就是这幅版画，为此我们对该协会深表感激，感谢他们的授权。②

有一幅哥伦布的肖像据说出自提香③之手，后被地理学家乔玛德仿制成版画而广为流传。该画中哥伦布的衣饰与腓力三世④时代的极为相似，而腓力三世登上王位时，哥伦布早已作古。

年轻的时候，哥伦布在热那亚加入了圣·凯瑟琳⑤宗教兄弟

----

① 美利坚合众国第三任总统，同时也是《美国独立宣言》主要起草人，美国开国元勋之一，与华盛顿、本杰明·富兰克林并称为美利坚开国三杰。

② 作者注：关于哥伦布的肖像一事，詹姆斯·戴维·巴特勒博士曾写过一篇学术论文递交给了威斯康星州历史协会，发表于该协会文集第九卷的第 79 页至 96 页。

③ 意大利文艺复兴后期威尼斯画派的代表画家。

④ 哈布斯堡王朝的西班牙国王（1598 年至 1621 年在位）。

⑤ 基督教女圣人，亚历山大人，大约生于公元 287 年，死于 305 年。据说她时常劝阻罗马帝国皇帝迫害基督徒，最后自己也被斩首。

会。在以后的年月里，遇到隆重的场合，原应该衣着体面，然而他却常常一身素服登场，会让人想起圣·弗朗西斯①修道院里的修士。他的儿子迪亚哥·哥伦布回忆："父亲去世时，穿的是他钟爱一生的修士长袍。"

读者仔细阅读此书，了解了这位伟大发现者的人生轨迹，就会知道他是怎样一种性格的人了。如果没有坚定的目标和钢铁一般的意志，他那漫长而艰难的诉求就不可能在费迪南国王和伊莎贝拉女王的宫廷最终取得胜利。

第一次远航在他的指挥下获得了成功，取得了辉煌的成就，完全实现了他期待以及决定实现的目标。不错，他是没有像以前所希望的那样发现亚洲，但那仅仅是因为美洲横在了他前进的路上。在那次航行中，他展示了一个伟大的发现者所应该具有的品质，对于凯旋时获得的荣誉他受之无愧。

然而，如前所述，这并不意味着他是个出色的城市统治者，也不意味着他就是管理一个新建殖民地的合适人选。人类历史上不乏这样的例子：一个伟大的将军能够在战场上所向披靡，为国家争取到和平，却不善于建立殖民地或管理城市。

另一方面，可以公正地说，哥伦布从未有机会展示：假如他脚踏实地地管理殖民地，会有怎样的作为。实际上，他的一颗心全都扑在了发现之旅上。叫他费心劳神地管理一个新建起的城镇，在他看

---

① 弗朗西斯于 1182 年诞生于意大利阿西西地区一个富裕的布商家庭。他于 1206 年摒弃了所有物质财富而创建了弗朗西斯修道院，后被尊称为"圣·弗朗西斯"。

来纯粹是浪费时间。

　　一个很大的课题一直摆在他的面前:怎样才能将他的发现与欧洲以前对亚洲海岸的了解联系起来？他总觉得中国皇帝的疆土已离他不远,时时刻刻都盼望着那一幸福时刻的到来,到时候可以跟那位伟大的君主进行面对面的交流。在他看来,那位君主不仅长期统治着东方,势必还将统治西方。

　　哥伦布去世时仍坚信他已经走到了亚洲的大门跟前。甚至在他离开人世 30 年之后,科尔特斯①的同伴仍以"加利福尼亚"命名现在的加州,因为这是传说中东印度地区最远处一座岛屿的名称。

　　哥伦布命运多舛,历经磨难,可以说他死时已心力交瘁。但历史公正地将他列入了推动世界进步的排头兵方阵中。除了探究历史的专家,但凡对人类进步的规律感兴趣的人,都会把哥伦布视为有着坚定信仰的光辉典范,为他感到骄傲和高兴。

　　哥伦布的一生就是坚持不懈地不断走向辉煌的一生,他向我们表明:上帝只垂青于那些胸怀伟大理想,并勇敢地去实现理想的人。

　　他有着纯真的人生目标、公而忘私的品格、坚定不移的必胜决心,这在 400 年的历史长河中被世人引为榜样,千秋万代都将会如此——这是历史赋予我们的极为崇高的榜样,是勇敢者走向胜利的榜样。

---

　　① 　西班牙军事家、探险家。

附录一

（以下段落取自海军上将福克斯的报告。他认为萨马纳，或称阿特伍德礁岛，是哥伦布登陆的第一岛，并列举了理由。值此纪念哥伦布之际，这一话题有着重要意义，因为许多航海家将会沿着他的足迹进行远航。正是这个原因促使我详尽地摘录了海军上将福克斯报告的原文。我认为他是对的。）

关于哥伦布的足迹，有一些观点是不靠谱的，而引用哥伦布本人的记载足以予以反驳。1878 年至 1879 年冬，我在巴哈马群岛（此处是我常来常往的巡航区）针对这一题目进行了研究，最后得出的结论是：萨马纳，或称阿特伍德礁岛，是哥伦布登陆的第一岛。

这是一座很小的岛屿，东西长 8.8 英里，南北最宽处为 1.6 英里，平均宽 1.2 英里，面积为 8.6 平方英里。最东部位于北纬 23 度 5

分,经度为格林尼治①以西 73 度 37 分。该岛坐落在一块巨型礁石上,长 15 英里,宽 2.5 英里。

这块礁石自陆地向东南延伸半英里,向东延伸 4 英里,向西延伸 2 英里,靠北海岸纵横 0.25 至 0.5 英里,而西南侧则不足 0.25 英里。相比较而言,特克岛要比萨马纳小一些,而猫岛则要比它大许多。

此处用两个不同的岛屿做比较,是想说明:哥伦布选择萨马纳作为登陆的第一岛,显然考虑的重点不是它面积的大小。以下信息由美国驻拿骚②的领事 T.J.麦克莱因提供,对此我深表感激。而他的第一手资料则是从拿骚港的船长们那儿得到的(那些船长去过萨马纳,或阿特伍德礁岛)。他绘制的航海图基本上是准确的。据说,在那儿只有靠打井才能喝到淡水。该岛的东边有两块礁石,上面落满了鸟粪,白翅鲣鸟占据着较大的一块,另一块由黑翅鲣鸟占据,它们井水不犯河水。

这座岛屿现在已无人居住,但有时可以看到几支箭矢和几把斧头,有的地方还可以看到很可能是土著居民留下的石堆。岛上的植物大多为灌木,也有零零星星的几株树。

拿骚的船只从该岛南侧的礁石缺口进来,可以看到一个非常舒适的小海港,水深有两英寻③至两英寻半。从此处,他们派小船上

---

① 格林尼治位于英国伦敦东南部,为本初子午线所经之地。
② 巴哈马首都。
③ 英美制计量水深的单位,1 英寻等于 6 英尺,合 1.828 米。

岸清除鸟粪,砍伐椴木、染料木以及扒树皮。

最初发现瓜纳哈尼①时,哥伦布在日志中将其称为"小岛",登陆后又说它非常大,"简直大极了"。1492 年 11 月 20 日(见纳瓦雷特②日志,第一版,第 61 页),他在日志中又将比瓜纳哈尼还要大的伊莎贝拉岛称为"小岛",紧接着在次年的 1 月 20 日(见第 125 页)把圣萨尔瓦多又一次称为"小岛"。

巴哈马群岛的总面积大约为 37000 平方英里,其中 6/100 是陆地,包括 36 座岛屿、687 座礁岛以及 2414 块珊瑚礁,水下海岸与佛罗里达的海岸相连。不过,这个群岛呈波浪状,底座是活体珊瑚,阿伽西③认为它还在不断增大,逐渐向南延伸。

我曾经做过尝试,想找到有关巴哈马群岛的类似的说法,以证实在这 400 年中该群岛可能发生过变化,但没有成功。

我们可以看到,该群岛的基座是珊瑚礁,没有一处是固定不变的。岛上的地面、洞穴、裂缝以及无数的窟窿眼,全都是致密灰岩质,有许多还是结晶质的,而底下则是鲕粒岩质,不是易碎,就是过于坚硬,无法取用为建筑材料。所谓山丘均是靠风聚起的沙丘。根据 16 世纪的大多数地图,穆克瓦沙洲和银色沙洲上是有岛屿的,而

---

① 圣萨尔瓦多岛原名"瓜纳哈尼"(Guanahani),为哥伦布 1492 年 10 月 12 日登上美洲的第一块陆地(但有些学者主张哥伦布首先登上的"瓜纳哈尼"岛实际上是圣萨尔瓦多岛东南 105 公里处的萨马纳岩礁〔Samana Cay〕),后改现名。

② 西班牙一城市。

③ 地理学家,冰川学的奠基人,1807 年 5 月 28 日生于瑞士弗里堡州,1873 年 12 月 14 日卒于美国马萨诸塞州剑桥市。

现在那儿只剩下了几块"没于水中"的礁石；东边的达奇沙洲和塞维恩沙洲则彻底消失了。

我们禁不住会想：巴哈马群岛的沙洲以及礁石其实原先都是陆地，后来经历了一个地质时代①的蜕化和下沉，才成了这种模样。珊瑚虫的活动似乎漫无目的，大多作用于群岛的东北侧，或者说大西洋的一侧，而对其他的地方却弃而不顾，任由海浪侵蚀。

据哥伦布说，瓜纳哈尼岛上淡水充足，岛中央有一个非常大的环礁湖（他用的是"环礁湖"一词，而非普通的"湖泊"）。他到达巴哈马群岛时，正值雨季。根据 1864 年《罗森总督关于巴哈马群岛的报告》第 92 页的附录四：从 1855 年到 1864 年十年间拿骚的年降水量为 64 英寸。5 月 1 日至 11 月 1 日是雨季，降水量多达 44.7 英寸，而其他 6 个月的降水量仅为 19.3 英寸。10 月份的降水量最大，为 8.5 英寸。

安德罗斯岛在该群岛中最大，面积为 1600 平方英里，是唯一有河流的岛屿。这儿的陆地支离破碎，被分割成许多小岛屿和礁石，无山脉，多阵雨，岩石多孔，白色的珊瑚礁反射出大量的热能，这些恐怕就是缺少河流的主要原因。雨季，低洼处聚集起大量的雨水，形成池塘和湖，雨季一过就会被多孔的岩石所吸收，被强烈的阳光所蒸发。

特克岛和沃特林岛上的潟湖存留的时间比较长，因为有海水的

---

① 地质学专业术语，可分为太古代、元古代、古生代、中生代和新生代 5 个时期。

渗入，作为补充水源。很显然，哥伦布到达瓜纳哈尼岛时，发现岛上的水不能喝，要不然他肯定会给船只补水的，而非抵达第三座岛屿才补。

哥伦布的日志中并无文字表明瓜纳哈尼岛上的潟湖只是由于低洼处集聚的雨水太多而形成的；另外，即便潟湖的存留跟海水的渗入有关，它们的消失则恐怕是由某些因素决定的——这些因素在不断作用于结构松散的巴哈马群岛，使其改变着现状。

萨马纳倒是有几座山丘，西南侧的大约高 100 英尺，东北一侧的则比较低。它们之间的北海岸地势低，雨季岸边会出现一些雨水坑。该岛的南边有一道醒目的白色岩壁，面朝南方和东方。

400 年前，位于该岛以东 0.5 英里和 3 英里处的那两个礁岛，可能还有外侧的礁石，大概都是相连的，是陆地的组成部分。鉴于这种情况，再加上当时有强烈的东北信风，对哥伦布而言最适合登陆的地点就是我在萨马纳地图上用箭头标出的地方。

（以下是海军上将福克斯的原话。）

在这里，我们引用了一些作者的观点，按说关于哥伦布首次登陆地点的问题已经解决了，但我经过详细分析，觉得有必要指出，他们的叙述与哥伦布的日志是有出入的，跟该岛的地理环境严重不符，显然会叫世人怀疑哥伦布以及拉斯·卡萨斯的叙述是否准确。关于登陆巴哈马群岛一节，他们的日记即便有含糊和疏漏之处，但只要日志（或航海日志）是准确的，就应该说我的分析是对的。

哥伦布 14 岁就出海，几乎是连续不断地在海上漂泊了 23 年。

由于年纪很小便过着航海的生活,不善文墨,文字表达也许不够精确。但正是因为他有着丰富的航海经历,他写的航海日志应该说是准确的。

他的航海日志包罗万象,记录着航线、航行距离、各岛屿的方位以及海岸的走向等情况。记日志本是船员的日常工作,而哥伦布却亲自秉笔,主要是为了返回西班牙后便于绘制航海图(此为他首次远航誓师时做出的承诺)。

横渡大西洋时,哥伦布对船员隐瞒事实,故意缩小每天的航程,让他们不清楚自己在那片陌生的海域究竟航行了多远。拉斯·卡萨斯了解他的这一“猫腻”,也知道他另有一份日志,而这份公开的只是缩略版。

假如日志里记载的那错综复杂的航线和航行距离原本就是错的,副本也是伪造的,显然就不可能被“蓄意”加在准确无误的航海图上。反过来说,如果内容符合事实,哥伦布的确去过那许许多多的岛屿,那么,它就真的是哥伦布亲笔写的日志,而日志的开篇部分也是真实可信的——他是在 1492 年 10 月 12 日完成了历史性的首次登陆。

至于作者这样下结论是否正确,学者、批评家和航海家恐怕各有自己的见解。也许,公众只想知道结论。然而,在缺乏确凿历史资料的情况下,仅仅根据行业内的记载或航海记录,去判断孰是孰非,显然意义不大。

庆祝哥伦布首次登陆这一伟大事件 400 周年纪念日即将来临,

而我们却仍犹豫不决、莫衷一是,无论是对说英语的民族还是说西班牙语的民族而言,都不是件令人自豪的事情。

总结如下:

一、关于萨马纳岛的大小、位置以及形状,没有人提出异议。该岛面积很小,东西走向,位置得天独厚。岛屿的东端受到海浪侵蚀,形成了诸多小岛,正应了哥伦布的断言:只要两天的时间,就可以让该岛与陆地分离,成为一座孤岛。

如今,东北信风来临时,这儿仍可以成为拿骚船只的安全避风港。纳瓦雷特、瓦尔恩哈根以及贝切尔船长来过这里,当时的风比较大,他们让船队停泊在了几个珊瑚礁小岛的背风面。

至于萨马纳岛上的环礁湖为什么不能长久,我已做过了解释。

二、从萨马纳到克鲁克德的航线是西南方向,也就是哥伦布说他"明天晚上"要走的方向。他所记载的航行距离跟地图上标出的也是吻合的。

三、根据日志的记载,他所抵达的第二座岛屿是圣玛丽亚岛,岛的两侧构成一个直角(他还标出了每一侧的长度)。他显然指的是现在的克鲁克德岛和阿科琳岛(两岛连为一岛)——这儿的情况和日志的描述完全一致,不可能指的是巴哈马群岛别的地方。

四、从克鲁克德岛到长岛的航线以及航行距离和哥伦布记载的从圣玛丽亚岛到费南迪纳岛的航线以及航行距离相同。①

五、关于"长岛",日志里也有精确的描述,说"它的海岸是从北-偏西北到南-偏东南走向,有一个无与伦比的海港,堤岸从东向西延伸"——这样的状况只有在长岛的东南部才能看得见。

六、日志里对第四座岛屿的描述含混不清。最好的办法是"推测"出从第三岛往前的航线,再"推测"出从第五岛返回的航线以及航行距离。这样也许可以对第四座岛的情况有所了解。

七、第五座岛屿即拉吉德群岛(哥伦布称之为沙地群岛)。

该群岛位于第四岛的西-偏西南方,处于哥伦布拟定的航线之上。在日志里,他没有全程标出岛屿间的距离,因而也就无从得知那段航程真正有多远。日志里只有这样的记载:"该群岛由七八座岛屿组成,从北到南一字排开,它们南边六里格开外是浅水区"。他描述的情况在地图上一眼就看得到。

八、日志里记载的从该群岛到古巴帕德雷港的航线及航行距离则比较清晰。至于水流向西流动、帕德雷港入口处的水深以及其他大概情况,都没有什么争议。其实,哥伦布实际航行的距离要多于日志中的记载,因为他再次在记录时将航程缩短。如果从第四岛到第五岛,以及从第五岛到帕德雷港的实际距离比日志里记载的短,情况就尴尬了,因为这会让欧文书中所说的从木卡拉斯礁石到博卡·德·卡拉维拉的航线以及航行距离成为解释不通的现象。

---

① 哥伦布曾将现在的克鲁克德岛和长岛命名为圣玛丽亚岛和费南迪纳岛。

关于萨马纳一节,从头到尾只有三处争议点:1.到第三岛的航行距离不是日志里记载的 2 里格,而是 2 英里;2.到第四岛的航行距离不是 12 里格,而是 12 英里;3.日志里描述的第三岛和第四岛的位置跟地图不太相符,和哥伦布自己拟定的航线也有出入。既然这三点解释通了,也就没有疑点了,别的实际情况是跟他的足迹以及他的日志相符的。

提示:克罗南先生最近到沃特林岛去,在那儿的岩洞里发现了大量土著人的尸骨。如果对这些尸骨做以研究,就会对哥伦布当年看到的那些土著人有新的了解——由于西班牙人残酷的杀戮,那些土著人已彻底灭绝。

附录二

　　哥伦布用西班牙语给胡安娜夫人写过一封信,讲述了自己在圣多明各所蒙受的冤屈,语言极其蹩脚。他书写的西班牙语历来都是信手涂鸦,从印刷的原稿副本看,这封信的语言更是差得离谱。我们摘录了信里的几个段落,翻译过来,展现于此,从中可以一目了然地看到他鲜明的个性。

　　那是 1500 年的岁尾,哥伦布给唐璜①的这位前保姆写信发牢骚说:"虽然我现在才把话说来,但这个世界对我的不公早已存在。上帝指派我为这一新天地的使者(这一天地《以赛亚书》提到过,之后圣约翰在《启示录》中也提到过),还为我指明了确切的方位。所有

---

　　① 唐璜是一个 15 世纪的西班牙贵族。他曾诱拐了一个少女,并谋杀了那个少女的父亲。这样的一个人却启发了后代许多诗人、作家、音乐家的艺术创作灵感。例如,英国大诗人拜伦写了一首题名为《唐璜》的长诗;奥地利音乐家莫扎特以唐璜为题材创作了一部有名的歌剧;英国的戏剧家萧伯纳也借用唐璜的故事写了一部讽刺式的舞台戏剧。

的人都表示怀疑,只有女王相信这是实情,并满怀热情地支持我。别的人只提这项事业的困难和花费,把七年的时间耗费在了空谈上。接下来的九年我有所作为,取得了一些值得纪念的成就,回国后换来的却是众人的攻击。

"假如我把印度地区据为己有,然后将其送给摩尔人,恐怕也不会遇到这么大的敌意。"

哥伦布原想面见女王诉苦,然后放弃这项事业,可最后还是坚持了下来,在信中说道:"我着手进行一次新的远航,前往隐匿在远方的那片新天地。我这是出力不讨好——即便西班牙不像别的国家那样重视印度地区,也没有什么令人意外的。我曾经坚信只要到帕里亚湾去一趟,就能解决一切分歧,因为在埃斯帕诺拉的那些岛屿可以获得珍珠和黄金。我曾经留了一部分人在那里全力捞取海里的珍珠,说好回去后把他们收集的珍珠运走(估计会有一法内格,约合一蒲式耳①)。我之所以没有将此事禀报给王室,是因为我自己想从当中分一杯羹。谁知一切努力跟别的事情一样成了一场空梦。假如当初我只顾自身的利益,仅仅专注于自己的事情,也就不会输得这么惨,连我的荣誉也输掉了。

"等到抵达了圣多明各殖民地,我发现那儿几乎有一半人都起来造我的反,对我进行攻击,就好像我是个摩尔人一样,印第安人也同样对我残酷无情。

---

① 蒲式耳是计量单位,好像我国旧时的斗、升等计量单位。1 蒲式耳在英国等于 8 加仑,在美国相当于 35.238 升。

"奥赫达来了,试图建立秩序,声称自己是奉王室的命令而来,许诺将给殖民者送来礼品、给养和金钱。他一声号召,就聚集起了一支庞大的军队,因为殖民者中很少有人不是流浪汉,没有一个人携家带口,所以均乐于从军。"(后来,奥赫达受到了威胁,灰溜溜地走了。)

"接着登场的是文森特·詹尼斯,麾下有四艘船,结果导致天下大乱,谣言四起,幸好没有给殖民地造成严重损失。"(据他说,还会有六艘船来殖民地,由圣多明各市长的弟弟率领,还说女王已驾崩,但这些纯属无中生有的谣言。)

"阿德里安(即莫吉卡)像往常一样,企图一逃了之,但上帝没有让他的阴谋得逞。"(在这里,哥伦布对自己不得不用武力镇压,或者说残酷对待阿德里安表示遗憾,但又声称假如阿德里安的弟弟企图谋杀他,或者夺取国王和女王委任他守护的政权,他还会那样做的。)

"在六个月的时间里,我一直想回国把找到黄金的好消息报告给王室,同时想撒手不再管那些无法无天的殖民者——他们无论是对国王还是女王都无敬畏之心,全都是卑鄙、恶毒的小人。给他们支付报酬,有60万西班牙金币就够了(如此,不算第三方的黄金份额,还余下四百多万的什一税①)。"

哥伦布说他想回国,回国前希望能派人来管理殖民地,费用由

---

① 什一税是欧洲基督教会向居民征收的宗教捐税。

哥伦布传

他出，但这一请求又如石沉大海。他苦涩地说自己已名声扫地，假如他"打算建教堂和医院，那些庸人就会说建的是窝藏赃物用的仓库"。

博瓦迪利亚来圣多明各时，哥伦布去了拉韦加，而身为总督的巴塞罗缪正在雅拉瓜。哥伦布在信中写道："博瓦迪利亚来到后第二天就宣布就职总督，接着便大张旗鼓地任命官员、建立政府机构，发行黄金券以及什一税券，公布了20年的施政方针。"

博瓦迪利亚说一定要向殖民者支付报酬，同时宣布要给哥伦布戴上镣铐送回国去。当时哥伦布在外地。王室的信落入他人之手，没有一封交给他。哥伦布采取的是息事宁人的方略，觉得王室以后总会了解实情的。然而，那些嫉妒他的人对他不依不饶，持续不断地攻击他和迫害他。他在信中写道："我想你一定不会忘记，我途中遭遇暴风，船帆尽失，被风刮进了里斯本港，而他们却指控我企图将印度拱手让给葡萄牙。后来，多亏王室明鉴，了解到了实情。虽然我孤陋寡闻，但在这方面我还是略知一二的。想不到有人把我当成傻瓜，以为我竟然不知道，即便印度属于我，没有王权的支持，我的统治地位也不会固若金汤的。"

哥伦布抱怨说那些人判断失误，以为派他去统治的是一个和平、井然有序的地方。他在信中写道："应该说，我是一个军队首领，奉命从西班牙出发到印度地区去，去征服那儿好战的民族。那个民族的风俗习惯以及宗教信仰与我方相悖，他们生活在群山里，居无定所。尊奉上帝的旨意，我在那里建立了一个新的世界，将其置于西班牙国王和女王的统治之下——正是因为如此,一贯自称穷国的西班牙才一跃成了一个最富有的帝国。应该说,我是一个多年来为西班牙苦苦战斗的军队首领。

"我很清楚自己犯有过错,但那并非我有意而为。我想国王和女王陛下一定会相信我所说的话的。他们宽恕那些犯上的人,也应该原谅我。

"假如国王和女王陛下下令对我进行重新审查(这并非我所愿),应当到印度地区了解情况。我请求他们派两名认真负责、令人尊敬的审查人员去,费用包在我身上。那时,他们很容易就会发现我所言不虚:一个人不出四个小时就能挖掘到五马克①的黄金。反正不管怎么样吧,要审查就应该到那儿实地了解情况。"

---

① 马克是古代欧洲的货币计量单位,最初相当于 8 金衡盎司(249 克)纯银,后来演变为半磅。

哥伦布传

附录三

　　是哥伦布把新大陆奉献给了卡斯蒂利亚和莱昂①,应该以他的名字命名这块大陆才对。可是,美洲没有以他的名字命名,这叫许多人感到匪夷所思。更有许多人在做出努力,想以他的名字命名。有一段时期,美国的诗人们提出应该以他的名字命名美洲,最后折中用他的名字命名了美国的一个地区,取名叫"哥伦比亚地区"。在同一时期,同样情况下,一艘轮船以及美洲西部的一条大河也以他的名字命名,取名叫"哥伦比亚号"以及"哥伦比亚河"。另外还有一例就是南卡罗来纳州的首府哥伦比亚市,也是想还这位伟大的航海家一个公道。

　　正当人们针对美洲命名一事争论不休的时候,又出现了另外一个问题(这也是世人争论的焦点):哥伦布是否真的是发现美洲的

---

　　①　卡斯蒂利亚和莱昂是西班牙的重要地区,此后概指西班牙。

第一人？读者在上文看到，他最初发现南美洲大陆是在 1498 年 8 月初。根据哈里斯先生对他的信件做出的精密研究，日期应该是在那个月的 5 日到 7 日之间。莫非这就是欧洲人首次发现美洲大陆的日期？

众所周知，读者所熟悉的奥赫达也看到了美洲的海岸。当时，他的船上有一位叫阿尔贝里戈·维斯普奇的乘客。据说，此人正是因为参加了这次航行，便被认为是发现美洲大陆的第一人。但实际上，按照奥赫达的说法，他起航前就看到过帕利亚海湾的地图，那是哥伦布发现了那个海湾后绘制出来送回国呈交给王室的。再说，阿尔贝里戈·维斯普西（他当时用的是这个名字）自己从未说过他是发现美洲大陆的第一人。

还有一个问题在某种程度上受到以英国航海史而骄傲的人关注：卡伯特父子真的在哥伦布之前就看到美洲大陆了吗？所有的人都认为，他们父子是在得知了哥伦布的发现之后才开始了第一次远航。不过，世人同样认为：他们在第一次或第二次远航中看到了北美大陆。不幸的是，他们航行的日期很混乱，简直就是一团乱麻。有人说他们早在 1494 年就开始了远航，但这一说法遭到了普遍反对。还有一种说法可能性较大——英国国王曾写信授权给约翰·卡伯特及其三子，批准他们率领五艘悬挂英国国旗的船只远航，去发现未知的岛屿和国家，落款日期是 1496 年 5 月 5 日。问题在于：他们是当年起的航，还是次年才出发？关于他发现美洲的第一手资料来自英王亨利七世个人用度的账单，上写："1497 年 8 月 10 日，奖给发现新岛屿者十英镑。"显然,关于谁发现了美洲大陆一事不能仅仅以此作为依据。

根据学界所知的"科顿手稿"记载,约翰·卡伯特的确远航了,但这份"手稿"截稿时,他仍未返回。"手稿"的写作时间是"亨利七世第17年",始于1497年8月22日,终于1498年。1498年2月3日,亨利七世批准卡伯特率领六艘英国船只前往"卡伯特以国王的名义、奉国王之命在最近所发现的陆地和岛屿"。严格地说,这意味着美洲大陆当时已被发现,但单凭这些记录不足以证明它是英国首先发现的。

不过,威尼斯商人帕斯夸里格于1497年8月23日写往威尼斯的一封信倒是比较有说服力。他在信中说卡伯特在西边700里格处发现了大陆,并沿着大陆的海岸线航行了300里格。他说那次航行持续了三个月,始于1497年的5月,结束于同年的8月。这封信似乎可以证明北美大陆的确是卡伯特首先发现的。然而,这丝毫不影响哥伦布的伟大发现所产生的价值。不管他看到的是一座岛屿还是大陆,那只是航海界如何定义的问题。不可否认的一点是:他引导了所有的美洲探险远航,正是有了他首航的成功,才有了后来人一次次的尝试。

（全书完）